Omas Leibgerichte

Heute so gut wie damals

Omas Leibgerichte

Heute so gut
wie damals

Parragon

Bath • New York • Singapore • Hong Kong • Cologne • Delhi
Melbourne • Amsterdam • Johannesburg • Auckland • Shenzhen

Anmerkungen für den Leser:
Ein Teelöffel entspricht 5 ml, ein Esslöffel 15 ml. Soweit nicht anders angegeben ist, wird Vollmilch verwendet. Die Angaben für Kartoffeln, Gemüse und Eier beziehen sich auf mittlere Größen. Pfeffer ist immer frisch gemahlener Pfeffer.
Kinder, ältere Menschen, Schwangere, Kranke und Rekonvaleszenten sollten auf Gerichte mit rohen oder nur leicht gegarten Eiern, rohen Fisch und Meeresfrüchte sowie Erdnüsse oder Erdnussprodukte verzichten. Allergiker bitten wir zu beachten, dass einige Fertigprodukte, die in den Rezepten verwendet werden, allergene Bestandteile enthalten können und daher immer sorgfältig die Inhaltsangaben der Produkte überprüft werden müssen.
Bewahren Sie Lebensmittelreste immer im Kühlschrank auf und prüfen Sie sie vor ihrer Verwendung gewissenhaft auf ihre Verwertbarkeit. Verdorbene Lebensmittel dürfen auf keinen Fall verzehrt werden.

Queen Street House
4 Queen Street
Bath BA1 1 HE, UK

Projektkoordination: Gertrud Stein
Vorwort: Johanna Wallmann
Lektorat: Juliane Steinbrecher
Design: Gertrud Stein
Fotografien: Parragon, mit Ausnahme von:
Gettyimages: S. 11 Paula Hible, S. 58 James Ross, S. 108 Valerie Janssen, S. 130 Jim Franco, S. 131 Chris Tubbs, S. 148 Chris Tubbs, S. 194 Harry Chamberlain, S. 222 Susie Cushner, S. 223 Alexandra Grablewski
iStock: Clips und Ornamente; Zettel S. 12, 13, 22 ff., Hintergrund S. 8, 9
Stockfood: S. 2 House & Leisure, S. 19 Klaus Arras, S. 34–35 Stefan Thurmann, S. 82 House & Leisure, S. 170 Jan-Peter Westermann, S. 178 Eising, S. 243 Jo Kirchherr
privat: alle Hintergründe, Postkarten

ISBN: 978-1-4454-4071-2

Printed in China

Inhalt

Vorwort

Fast jede Oma hatte es, das eigene Kochbuch, in dem sie fein säuberlich Rezepte, Tipps und liebevolle Kommentare notierte. Glücklich, wer so ein Buch von der Oma geerbt hat – und die wunderschöne Schnörkelschrift auch lesen kann.

Beim Blättern in so einem Kochbuch kommen Erinnerungen hoch, wie beim Anschauen alter Fotoalben. Arme Ritter? Da riecht man förmlich Zucker und Zimt, erinnert sich an Schlittenfahrten und Märchen, an kratzige Strumpfhosen und tröstende Worte. Erbsensuppe? Die gab es immer, wenn wir durchgefroren vom Tannenbaumkauf nach Hause kamen. Und was war Silvester ohne Heringssalat? Omas Weisheit ging durch den Magen. Sie wusste, dass man mit Kirschenmichel Liebeskummer kurieren kann und, dass ein Bratapfel mit Vanillesauce gegen Schlaflosigkeit hilft. Dass meine Oma, deren Familie aus dem Rheinland stammte, sich ausgerechnet in einen schmucken Kerl aus Berlin verliebte, war der Vielfalt ihres Küchenzettels ebenso anzumerken wie die Tatsache, dass es ihre vielen Geschwister in alle Ecken

Deutschlands verschlagen hatte. Der rege Briefwechsel hinterließ in ihrem Rezeptbuch seine Spuren: Da gibt es Fischeintopf von Tante Gertrud aus Bremerhaven, schwäbische Maultaschen von Schwägerin Luise und Hecht in Rahmsoße von Onkel Rudi, der uns Kindern das Angeln beibrachte.

Omas Rouladen und Sonntagsbraten waren ein Gedicht, aber noch lieber aß ich montags bei ihr, denn dann gab es immer „Adliges" – von gestern. An Kreativität in Sachen Resteverwertung war Oma nicht zu übertreffen, schließlich ließ man nichts umkommen! Selbst Kartoffelschalen bekamen als Reinigungsmittel für kalkige Töpfe eine zweite Chance.

Sie hatten nicht das Glück, so einen Rezepteschatz zu erben? Dann blättern Sie doch einmal in diesen Seiten! Aber bitte nehmen Sie sich Zeit. Lassen Sie Bilder und Erinnerungen aufsteigen, denn gutes Essen ist so viel mehr als nur Treibstoff für den Körper.

Viel Spaß!

Suppen & kleine Gerichte

Leberknödelsuppe

Für 4 Personen

3 Brötchen vom Vortag
125 ml lauwarme Milch
½ TL Salz
20 g Schweineschmalz
1 Zwiebel, fein gehackt
250 g Rinderleber, durch den Fleischwolf gedreht
1 Ei
Salz und Pfeffer
½ TL frisch gehackter oder
¼ TL getrockneter Majoran
2 EL frisch gehackte Petersilie
3 EL Semmelbrösel
1 l Fleischbrühe

Roggenmischbrot, zum Servieren

1 Die Brötchen in Scheiben schneiden, mit der Milch begießen, salzen und alles durchziehen lassen, bis die Brötchen weich sind.

2 Das Schweineschmalz in einer Pfanne zerlassen und die Zwiebel darin glasig dünsten. In einer Schüssel die Leber mit der gedünsteten Zwiebel vermengen. Die Brötchenmasse zugeben und gut verkneten.

3 Ei, Salz, Pfeffer, Majoran, Petersilie und Semmelbrösel zugeben und zu einem geschmeidigen Teig verkneten. Mit angefeuchteten Händen Knödel formen.

4 Die Fleischbrühe zum Kochen bringen, dann die Hitze auf die niedrigste Stufe reduzieren. Die Leberknödel in die Brühe geben und etwa 20 Minuten ziehen lassen. Sofort mit Roggenmischbrot servieren.

Mein Tipp:
Leberknödel mit Sauerkraut und Kartoffelpüree (s. S. 90 u. 164) schmecken auch großartig und sind als Hauptgericht ebenso zu empfehlen.

Erbsensuppe

Für 4 Personen

400 g getrocknete gelbe Erbsen
250 g geräucherter Speck, am Stück
2 Zwiebeln, grob gehackt
1 Karotte, in Stücke geschnitten
1 Petersilienwurzel, in Stücke geschnitten
¼ Sellerieknolle, gehackt
250 g Kartoffeln, gewürfelt
1 kleine Porreestange, gehackt
Salz und Pfeffer
1¼ TL frisch gehackter Majoran
½ TL frisch gehacktes Bohnenkraut
1 TL frisch gehackte Petersilie, zum Garnieren

1 Die Erbsen über Nacht in 2 Liter Wasser einweichen. Am nächsten Tag mit der Einweichflüssigkeit zum Kochen bringen, Speck und Zwiebeln zufügen. Abgedeckt bei mittlerer Hitze 1 Stunde köcheln lassen.

2 Wurzelgemüse, Kartoffeln und Porree unter die Erbsen mischen und mit Salz, Pfeffer, Majoran und Bohnenkraut würzen. Den Eintopf 20 Minuten kochen lassen.

3 Vor dem Servieren den Speck herausheben, in feine Würfel schneiden und unter die Suppe mischen. Zum Garnieren mit der Petersilie bestreuen.

Schon gewusst?
Tiefkühlerbsen, die wenige Stunden nach der Ernte verarbeitet und tiefgefroren werden, enthalten zuweilen mehr Vitamin C und andere Nährstoffe als frische Erbsen aus der Hülse, es sei denn diese sind erntefrisch aus dem eigenen Garten.

Kartoffelsuppe

Für 6 Personen

1 EL Butterschmalz
1 Bund Suppengemüse, gehackt
1 große Zwiebel, fein gehackt
750 g mehlige Kartoffeln, gewürfelt
1 l heiße Fleischbrühe
1 TL Majoran, fein gehackt
Salz und Pfeffer
125 g Schlagsahne
1 EL frisch gehackte Petersilie, zum Garnieren

1 Das Butterschmalz in einem großen Topf zerlassen. Suppengemüse und Zwiebel zugeben und dünsten, bis die Zwiebel glasig ist.

2 Die Kartoffeln zufügen und kurz mitdünsten. Mit der Fleischbrühe aufgießen. Mit Majoran, Salz und Pfeffer würzen und mindestens 20 Minuten kochen lassen.

3 Die Sahne unterrühren und nach Belieben die Suppe mit dem Pürierstab fein pürieren. Mit Petersilie bestreuen und servieren.

Flädlesuppe

Für 4 Personen

500 g Suppenknochen
350 g Suppenfleisch
1 Porreestange, in Ringe geschnitten
1 Karotte, in Scheiben geschnitten
1 Stück Sellerie, in Stücke geschnitten
1 Petersilienwurzel, gewürfelt
1 Pastinake, gewürfelt
2 Zweige frische glatte Petersilie
1 Zwiebel
Salz
1,5 l Wasser
frisch gehackte Petersilie, zum Garnieren (nach Belieben)

Pfannkuchen
60 g Mehl
1 Ei
125 ml Milch
Salz
1 EL Butter

1 Suppenknochen, Suppenfleisch, Gemüse und Salz in kaltem Wasser aufsetzen, langsam aufkochen und 2 bis 2½ Stunden köcheln lassen. Die Suppe durch ein Sieb in einen anderen Topf passieren und beiseitestellen. Das Gemüse entsorgen.

2 Für die Pfannkuchen das Mehl in eine Schüssel geben. Ei, Milch und etwas Salz zufügen und gut vermengen, bis ein dünnflüssiger Teig entsteht. Die Butter in einer Pfanne zerlassen und so viel Teig hineingeben, dass der Boden der Pfanne gerade bedeckt ist. Auf einer Seite backen, vorsichtig wenden und die andere Seite backen.

3 Die Pfannkuchen abkühlen lassen, aufrollen und in dünne Streifen schneiden. Die Streifen in Suppenteller geben und mit der fertigen Fleischbrühe aufgießen. Nach Belieben mit Petersilie bestreuen und sofort servieren.

Ochsenschwanzsuppe

Für 4 Personen

5 EL Butter
2 Zwiebeln, davon 1 in Ringe geschnitten, 1 klein gehackt
1 Porreestange, in Ringe geschnitten
1 große Karotte, in Stücke geschnitten
1 Pastinake, gewürfelt
1 kleine Sellerieknolle, gewürfelt
1 Petersilienwurzel, gewürfelt
1 EL frisch gehackte Petersilie
1 Ochsenschwanz, in 2,5 cm große Stücke geschnitten
2 l Wasser
1 Lorbeerblatt
etwas frischer Thymian
6 schwarze Pfefferkörner
4 EL Mehl
1 Msp. Paprikapulver
1 EL Madeira
Salz und Pfeffer
Brötchen oder Roggenbrot, zum Servieren

1 In einem großen Topf bei mittlerer Hitze 2 Esslöffel Butter zerlassen. Zwiebelringe, Porree, Karotte, Pastinake, Sellerie, Petersilienwurzel, Petersilie und Ochsenschwanz zufügen. Alles etwa 10 Minuten unter Rühren anbräunen.

2 Das Wasser zugießen und Lorbeer, Thymian und Pfeffer zugeben. Aufkochen, dann die Hitze reduzieren und etwa 2 Stunden köcheln lassen. Die Ochsenschwanzstücke herausnehmen und das Fleisch vom Knochen lösen. Das Fleisch in kleine Stücke schneiden und zurück in die Brühe geben.

3 Die restliche Butter in einem kleinen Topf zerlassen, die gehackte Zwiebel zugeben und goldgelb dünsten. Das Mehl zugeben und anschwitzen. Nach und nach etwa 300 Milliliter von der Brühe zugießen und unter Rühren kochen lassen, bis die Mehlschwitze andickt. Die Mehlschwitze in die Suppe einrühren und weitere 30 Minuten köcheln lassen.

4 Kurz vor dem Servieren das Paprikapulver und den Madeira einrühren und mit Salz und Pfeffer abschmecken. Mit Brötchen oder Roggenbrot servieren.

Hamburger Aalsuppe

Für 4 Personen

100 g Schinkenschwarte
200 g Markknochen
1 kleiner Kohlrabi, grob gehackt
3 Karotten, grob gehackt
1 Petersilienwurzel, gehackt
1 kleiner Blumenkohl, in Röschen zerteilt
750 ml Fleischbrühe
60 g Porree, klein geschnitten
60 g Sellerieknolle, klein geschnitten
150 g Backobst (Birnen-, Apfel-, Pflaumen- und Aprikosenstücke), über Nacht in kaltem Wasser eingeweicht
2 EL Weißweinessig
2 TL Zucker
1 Zweig frisches Bohnenkraut
1 EL frisch gehackte Petersilie
125 ml trockener Weißwein
125 ml Wasser
1 Aal (etwa 400 g)

Mehlklößchen
220 g Mehl
etwas Salz
1½ EL Butter
1 Ei
100 ml Wasser

1 Schinkenschwarte und Markknochen in einen Suppentopf legen. Kohlrabi, Karotten, Petersilienwurzel und Blumenkohl zufügen. Mit der Fleischbrühe auffüllen und zum Kochen bringen. 30 bis 45 Minuten köcheln lassen.

2 Knochen und Schwarte aus der Brühe nehmen. Die Schinkenfleischteile von der Schwarte schneiden und in die Brühe zurückgeben. Porree, Sellerie und Backobst zufügen. Mit Weißweinessig und Zucker süßsauer abschmecken. Das Bohnenkraut zugeben und die Suppe etwa 20 Minuten köcheln lassen.

3 Kurz vor dem Servieren das Bohnenkraut entfernen und die Petersilie in die Suppe geben. Inzwischen in einem kleinen Topf Weißwein mit Wasser aufkochen.

4 Den Aal waschen und in mundgerechte Stücke schneiden. In den Weißwein legen und etwa 10 Minuten dünsten. Dann aus dem Wein nehmen, die Haut abziehen und den Fisch entgräten. Den Aal zusammen mit dem Kochsud in die Suppe geben.

5 Für die Klößchen die Zutaten in einer Schüssel vermischen und zu einem Teig verarbeiten. Aus dem Teig walnussgroße Bällchen formen und diese in einem kleinen Topf 5 Minuten köcheln lassen. Abgießen. Die Suppe mit den Teigklößchen garnieren und servieren.

Meine Grundrezepte: Brühen

Hühnerbrühe

Ergibt etwa 2,5 l

- 1 Huhn von ca. 1 kg
- 3 Karotten
- 5 Schalotten
- 1 Zwiebel
- 1 Porreestange
- 2 Selleriestangen
- 4 l Wasser
- 1 Knoblauchknolle
- 1 Zweig Rosmarin
- 2 Zweige Thymian
- 2 Lorbeeeerblätter
- 1 TL weiße Pfefferkörner
- 5 Nelken
- 3 Petersilienstängel

1 Das Huhn grob portionieren, das heißt die Schenkel abtrennen, das Rückgrat aus der Brust schneiden. Das Gemüse putzen, schälen und grob schneiden.

2 Das kalte Wasser aufsetzen, die Hühnerteile zugeben und salzen. Langsam zum Kochen bringen. Das Gemüse, den Knoblauch, die Kräuter und die Gewürze zugeben.

3 Die Suppe etwa 45 Minuten kochen und dabei mit einer Schöpfkelle den aufsteigenden Schaum abschöpfen – dieser macht die Suppe trüb.

4 Kurz vor Ende der Garzeit noch die Petersilienstängel zugeben und den Herd ausschalten.

5 Die gekochten Hühnerkeulen und die Hühnerbrust herausnehmen und zur weiteren Verwendung beiseite stellen, z. B. für Hühnerfrikassee (s. S. 105).

6 Die Brühe durch ein feines Sieb passieren und auskühlen lassen.

Wichtig: Um Brühen aufzubewahren und bis zu 6 Monaten zu lagern, kann man sie heiß in Schraubgläser abfüllen und diese gut verschließen, oder sie portionsweise einfrieren.

Fleischbrühe

Ergibt etwa 1,75 l

- 1 kg Rindermarkknochen, in 7,5 cm große Stücke gehackt
- 650 g Rinderschmorfleisch am Stück
- 3 l Wasser
- 4 Gewürznelken
- 2 Zwiebeln, halbiert
- 2 Selleriestangen, grob gehackt
- 8 schwarze Pfefferkörner
- 1 Bouquet garni (Kräutersträußchen)

1 Die Knochen in einen großen Topf geben, das Fleisch darüberlegen. Das Wasser zugießen und langsam aufkochen, dabei entstehenden Schaum abschöpfen.

2 Je 1 Nelke in jede Zwiebelhälfte drücken und mit Sellerie, Pfeffer und dem Bouquet garni in den Topf geben. Den Topf halb abdecken und alles 3 Stunden köcheln lassen.

3 Durch ein Sieb in eine Schüssel abgießen, abkühlen lassen und abgedeckt in den Kühlschrank stellen. Das ausgehärtete Fett vor der Weiterverwendung abnehmen.

Gemüsebrühe

Ergibt etwa 2,2 l

- ½ Fenchelknolle
- 1 Porreestange
- 3 Karotten
- 2 Selleriestangen
- 1 Tomate
- 2 Zwiebeln
- 1 Knoblauchknolle
- 1 Zweig Rosmarin
- 1 Lorbeerblatt
- 1 TL weißer Pfeffer
- ½ TL Fenchelsamen
- 2,5 l Wasser

1 Die halbe Fenchelknolle von branen Stellen befreien und in grobe Würfel schneiden. Auch das übrige Gemüse putzen, schälen und in grobe Würfel schneiden. Die Knoblauchknolle quer halbieren.

3 Das kalte Wasser in einen Topf gießen und das gesamte Gemüse vorsichtig hineingeben.

4 Nun die Gewürze hinzufügen und langsam zum Kochen bringen.

5 Den Gemüsefond etwa 20 Minuten köcheln lassen. Danach durch ein feines Sieb abseihen und auskühlen lassen.

Sauerkrautsuppe mit Wurst

Für 6 Personen

2 EL Butter
1 EL Weizenmehl
1 EL edelsüßes Paprikapulver
2,2 l Gemüsebrühe
650 g Sauerkraut, abgetropft
500 g geräucherte Mettwurst, in 2,5 cm dicke Scheiben geschnitten
160 g saure Sahne
Salz und Pfeffer

Zum Servieren (nach Belieben)
Mehlklößchen (s. S. 21)

1 Die Butter in einem Topf bei schwacher Hitze zerlassen. Mehl und Paprikapulver zugeben und unter ständigem Rühren 2 Minuten anschwitzen. Den Topf vom Herd nehmen und nach und nach die Gemüsebrühe einrühren.

2 Den Topf wieder auf den Herd stellen und die Suppe unter ständigem Rühren aufkochen. Sauerkraut und Wurst zugeben und mit Salz und Pfeffer abschmecken. Die Hitze reduzieren, den Topf abdecken und die Suppe 30 Minuten köcheln lassen.

3 Danach die Suppe vom Herd nehmen, die saure Sahne einrühren und sofort servieren.

Gemüsesuppe mit Bällchen

Für 6 Personen

2 Zwiebeln, fein gehackt
1 kleine Sellerieknolle, gewürfelt
½ Steckrübe, gewürfelt
3 Karotten, gewürfelt
2 Kartoffeln, gewürfelt
2 rote Paprika, gewürfelt
4 Tomaten, gehäutet, entkernt und gehackt
150 g Erbsen, Tiefkühlware aufgetaut
1 Zitrone, in Scheiben geschnitten
1,7 l Gemüsebrühe
Salz und Pfeffer

Lammfleischbällchen
350 Lammhack
3 EL frisch gehackte glatte Petersilie
70 g Reis
Weizenmehl zum Bestäuben
Salz und Pfeffer

1 Zwiebeln, Sellerie, Rübe, Karotten, Kartoffel, Paprika, Tomaten, Erbsen und Zitronenscheiben in einen großen Topf geben, die Gemüsebrühe zugießen und mit Salz und Pfeffer abschmecken. Aufkochen, die Hitze reduzieren und die Suppe abgedeckt 25 bis 30 Minuten köcheln lassen.

2 In der Zwischenzeit für die Fleischbällchen Lammhack, Petersilie und Reis in einer Schüssel gründlich miteinander verkneten. Mit Salz und Pfeffer abschmecken. Etwa golfballgroße Portionen der Mischung zwischen den Handflächen zu Bällchen formen, in Mehl wälzen und überschüssiges Mehl abschütteln.

3 Die Fleischbällchen in die Suppe geben, wieder abdecken und unter gelegentlichem Rühren weitere 40 bis 45 Minuten kochen. Sofort servieren.

Linsensuppe

Für 4 Personen

250 g getrocknete braune Linsen, über Nacht eingeweicht, abgespült und abgetropft
2 Zwiebeln, fein gehackt
1 Porreestange, in Ringe geschnitten
1 große Karotte, in Würfel geschnitten
1 Pastinake, in Würfel geschnitten
1 kleine Sellerieknolle, in Würfel geschnitten
1 Selleriestange, in Ringe geschnitten
1 Petersilienwurzel, fein gehackt
1 Bund frische Petersilie, fein gehackt
2 l Gemüse- oder Fleischbrühe
3 EL Butter
3 EL Mehl
Salz und Pfeffer
Weißweinessig, zum Abschmecken
2 Scheiben Speck, in Streifen geschnitten, zum Garnieren
Brot, zum Servieren

1 Linsen, 1 Zwiebel, Porree, Karotte, Pastinake, Sellerie, Petersilienwurzel und gehackte Petersilie in einen großen Topf geben, mit der Brühe aufgießen und etwa 1½ Stunden köcheln lassen, bis die Linsen gar sind.

2 Die Butter in einem kleinen Topf erhitzen und die restliche Zwiebel darin goldgelb dünsten. Das Mehl einrühren und unter Rühren anschwitzen. Etwa 300 ml von der Suppenbrühe abschöpfen und zur Mehlschwitze gießen. So lange rühren, bis die Mehlschwitze angedickt ist. Zu der Suppe gießen und alles gut verrühren. Mit Salz und Pfeffer abschmecken und weitere 30 Minuten leise köcheln lassen. Nach Geschmack etwas Weißweinessig unterrühren.

3 In der Zwischenzeit den Speck in eine Pfanne geben und knusprig anbraten. Die Suppe auf Suppenschüsseln verteilen, mit dem Speck garnieren und mit Brot servieren.

Schon gewusst?
Linsen sind besonders gesund, da sie eine ganze Reihe wertvoller Mineralstoffe und Vitamine enthalten. Durch ihren überdurchschnittlich hohen Eiweißgehalt sind sie zudem ein idealer Ersatz für jede Fleischmahlzeit – und deshalb so beliebt in der vegetarischen Küche …

Champignoncremesuppe

Für 4 Personen

1 EL Butter
1 Schalotte, fein gehackt
500 g Champignons, in dünne Scheiben geschnitten
3 EL Mehl
750 ml Gemüsebrühe
250 ml Milch
200 g Schlagsahne
Salz und Pfeffer
1 EL frisch gehackte glatte Petersilie, zum Garnieren
Brot, zum Servieren

1 Die Butter in einem Topf zerlassen und die Schalotte darin hellbraun anbraten. Die Champignons zugeben und unter Rühren weiterbraten.

2 Den Topf vom Herd nehmen, die Champignons mit 1 Esslöffel Mehl bestäuben, gut verrühren und mit Brühe und Milch ablöschen. Die Suppe 10 Minuten leicht köcheln lassen, dabei öfter umrühren, damit sie nicht überkocht.

3 Die Sahne mit 2 Esslöffeln Mehl in einer kleinen Schüssel verquirlen und zur Suppe geben. Nochmals 5 Minuten köcheln lassen (ohne dass sie aufkocht), bis sie eindickt. Mit Salz und Pfeffer abschmecken, mit Petersilie garnieren und mit Brot servieren.

Mein Tipp:
Die Suppe auf Schalen verteilen und nach Wunsch in jede Schüssel einen Semmelknödel (s. S. 188) geben — sehr lecker!

Tatar

Für 4 Personen

300 g Tatar
2 Eigelb
2 TL Olivenöl
30 ml Tomatenketchup
2 Sardellenfilets, fein gehackt
2 TL Kapern, fein gehackt
Pfeffer
Paprikapulver, zum Abschmecken
Worcestersauce, zum Abschmecken
4 Scheiben Brot, Kruste abgeschnitten
Butter

Zum Servieren
4 TL Kaviar (nach Belieben)
4 EL Zwiebeln, fein gehackt
4 Cornichons, in Scheiben geschnitten

1 Das Tatar in eine Schüssel geben und mit Eigelb, Öl, Ketchup, Sardellen und Kapern vermengen. Mit Pfeffer und Paprikapulver würzen. Worcestersauce nach Geschmack zugeben und alles gut verrühren.

2 Das Brot toasten und mit der Butter bestreichen. Das Tatar auf die 4 Brotscheiben verteilen und nach Belieben mit Kaviar garnieren. Gehackte Zwiebeln darüberstreuen. Mit den Cornichonscheiben servieren

Buletten mit Kartoffelsalat

Für 3–4 Personen

1 altbackenes Brötchen
500 g Hackfleisch, halb und halb
2 Eier, leicht verquirlt
1 EL frisch gehackte Petersilie
2 Zwiebeln, davon 1 fein gehackt, 1 in Ringe geschnitten, zum Garnieren
Salz und weißer Pfeffer
1 Prise Muskatnuss
3 EL Butter

Kartoffelsalat
1 kg junge kleine Kartoffeln
90 ml Weißweinessig
125 ml heiße Fleischbrühe
1 Zwiebel, fein gehackt
2 EL Pflanzenöl
125 g durchwachsener Speck, fein gewürfelt
Salz und Pfeffer
1 Prise Zucker
100 g saure Sahne
frisch gehackte Petersilie, zum Garnieren

1 Für die Buletten das Brötchen in eine Schüssel geben, mit heißem Wasser übergießen und 10 Minuten einweichen.

2 Das Hackfleisch in eine Schüssel geben. Das Brötchen gut ausdrücken und zum Hackfleisch geben. Eier, Petersilie, die gehackte Zwiebel, Salz, Pfeffer und Muskatnuss zufügen und alles gut vermengen. Aus der Masse kleine Bällchen formen und diese etwas flach drücken.

3 Die Butter in einer großen Pfanne bei mittlerer Hitze zerlassen. Die Hälfte der Buletten in die Pfanne geben und etwa 5 bis 7 Minuten braten, dabei einmal wenden. Während die restlichen Buletten braten, die bereits fertigen auf einen Teller legen und im Ofen warm stellen.

4 Sobald alle Buletten gebraten sind, die Zwiebelringe in die Pfanne geben und goldbraun rösten. Ebenfalls warm halten.

5 Für den Kartoffelsalat die Kartoffeln abbürsten, in einen großen Topf geben und mit Wasser bedecken. Zum Kochen bringen und in etwa 15 Minuten gar kochen. Abgießen, kurz mit kaltem Wasser abschrecken und abtropfen lassen. In eine Schüssel geben. Essig, Fleischbrühe und Zwiebel zufügen und gut vermengen.

6 Das Öl in einer Pfanne erhitzen und den Speck darin goldgelb auslassen. Mit Salz, Pfeffer und Zucker würzen. Saure Sahne zugeben und kurz erhitzen. Die heiße Sauce über die Kartoffeln gießen und vorsichtig vermengen. Mit Salz und Pfeffer abschmecken. Den Kartoffelsalat und die Buletten mit Zwiebelringen und Petersilie garniert servieren.

Bayerischer Wurstsalat

Für 4 Personen

350 g Knackwürstchen oder Lyoner Fleischwurst, in feine Scheiben geschnitten
2 Zwiebeln, fein gehackt
4 EL Pflanzenöl
2 EL Weißweinessig
Salz und Pfeffer
1 TL Zucker (nach Belieben)
2 EL Schnittlauch
Laugengebäck, zum Servieren

Zum Garnieren
4 Gewürzgurken, in Scheiben geschnitten
Rote Bete aus dem Glas, gewürfelt

1 Die Wurstscheiben in eine Schüssel geben. Zwiebeln, Öl, Essig, Salz und Pfeffer zufügen und alles gut vermengen. Die Schüssel abdecken und 1 Stunde im Kühlschrank durchziehen lassen.

2 Den Salat aus dem Kühlschrank nehmen, nach Belieben Zucker und Schnittlauch einrühren. Gewürzgurken und Rote Bete über den Wurstsalat geben und am besten mit Laugengebäck servieren.

Hamburger Fischsalat

Für 4 Personen

1 EL Butter
500 g festes Weißfischfilet
125 ml heißes Wasser
5 hart gekochte Eier, 4 in Scheiben geschnitten, 1 geviertelt, zum Garnieren
1–2 Gewürzgurken, in dünne Scheiben geschnitten
1 EL Kapern
1 Knolle Rote Bete, gekocht und gewürfelt

Dressing
30 ml Mayonnaise
30 g saure Sahne
2 TL Zitronensaft
1 TL Senf
1 Prise frisch geriebene Muskatnuss
Salz und Pfeffer

1 Die Butter in einer Pfanne bei mittlerer Hitze zerlassen, die Fischfilets zugeben und ganz kurz anbraten. Das Wasser zugießen, auf die geringste Hitze herunterschalten und 8 bis 10 Minuten ziehen lassen, bis der Fisch gar, aber noch fest ist. Aus der Pfanne nehmen, abtropfen und etwas abkühlen lassen.

2 Für das Dressing alle Zutaten in einer Schüssel verrühren und mit Salz und Pfeffer abschmecken. Die Fischfilets in 2,5 Zentimeter große Würfel schneiden und in eine Schüssel geben. In Scheiben geschnittene Eier, Gewürzgurken, Kapern und Dressing zufügen und 30 Minuten ziehen lassen.

3 Den Salat auf 4 Salatteller verteilen und die Rote Bete darübergeben. Jeweils mit 1 Eiviertel garnieren und servieren.

Apfelminze
Mizun
Vogelmiere
Süßdolde

Omas Lieblingskräuter standen natürlich auch in ihrem kleinen Garten, aber selbst an harten Wintertagen wollte sie nicht auf frische Kräuter verzichten. Deswegen hatte sie in alten Töpfen auf ihrer Fensterbank immer ein paar frische Kräuter stehen.

Ostheimer Leberkäs

Für 6 Personen

300 g Schweinefleisch, durch den Fleischwolf gedreht
300 g Kalbsleber, durch den Fleischwolf gedreht
150 g Schweinebauch, das Fett entfernt und in kleine Stücke geschnitten
1 EL Butter, plus etwas mehr zum Einfetten
1 kleine Zwiebel, fein gehackt
1 Knoblauchzehe, zerdrückt
2 EL frisch gehackte glatte Petersilie, plus einige Blätter zum Garnieren
1 EL frisch gehackter oder ½ EL getrockneter Majoran
½ Ei
2 EL Weinbrand
Salz und Pfeffer
1 EL Crème fraîche

1 Den Backofen auf 200°C vorheizen. Das Fleisch in eine große Rührschüssel geben.

2 Die Butter in einer Pfanne zerlassen und Zwiebel und Knoblauch darin anbraten. Zum Fleisch geben. Petersilie, Majoran, Ei und Weinbrand hinzufügen und mit Salz und Pfeffer würzen. Alles gut vermengen. Die Crème fraîche untermischen und alles zu einer gleichmäßigen Masse verarbeiten.

3 Die Masse in eine gefettete Terrinenform geben und im Wasserbad im Ofen 40 bis 60 Minuten backen, bis die Masse auf der Oberseite leicht gebräunt ist.

4 Den Leberkäse aus der Form nehmen und 5 Minuten abkühlen lassen. Anschließend noch heiß in Scheiben schneiden, mit Petersilie garnieren und sofort servieren.

Mein Tipp:
Ich serviere dazu immer Gewürzgurken, die ich gefächert aufgeschnitten habe, Sauerteigbrot und natürlich ein Bier – für Kinder gibt es Malzbier!

Krautsalat mit Speck

Für 6 Personen

1 Weißkohl (800–900 g)
1 EL Salz
3 EL Zucker
1 EL Pfeffer
80 ml Weißweinessig
4 EL Pflanzenöl
1 TL Kümmelsamen (nach Belieben)
1 Zwiebel, fein gehackt
200 g geräucherter Speck, sehr fein geschnitten

1 Den Kohl halbieren, äußere Blätter und Strunk entfernen und in feine Streifen hobeln.

2 Salz, Zucker, Pfeffer, Essig, 3 Esslöffel Öl und nach Belieben Kümmel in einer Schüssel gut verrühren und über den Kohl geben. Nach Geschmack auch etwas mehr Essig und Öl zugeben.

3 Das übrige Öl in einer Pfanne erhitzen und Zwiebel und Speck darin knusprig anbraten. Über den Krautsalat geben und alles gut vermengen.

4 Den Krautsalat mindestens 2 Stunden ziehen lassen, dabei regelmäßig umrühren. Falls zu viel Flüssigkeit entsteht, kann diese abgegossen werden.

Schon gewusst?
Kohlblätter haben eine antiseptische Wirkung. Nicht nur meine Großmutter schwor auf dieses günstige Hausmittel und legte sie zur Schmerzlinderung sowie Heilung auf Wunden und Prellungen auf.

Kartoffelsalat mit Frankfurter Würstchen

Für 6 Personen

1 kg festkochende Kartoffeln
250 ml Fleischbrühe
80 ml Weißweinessig
1 TL scharfer Senf
Salz und Pfeffer
4 EL Sonnenblumenöl
1 Zwiebel, fein gehackt
1 Bund Schnittlauch, fein gehackt (nach Belieben)
12 Frankfurter Würstchen

1 Die Kartoffeln in einen Topf geben, mit Wasser bedecken und in 20 Minuten gar kochen. Abgießen und abkühlen lassen. Die noch warmen Kartoffeln pellen.

2 Die Fleischbrühe in einen Topf geben und erhitzen. Essig, Senf, Salz und Pfeffer zugeben und verrühren. Vom Herd nehmen.

3 Die warmen Kartoffeln in dünne Scheiben schneiden und in eine große Schüssel geben. Die noch warme Brühe darübergießen. Öl, Zwiebel und nach Belieben Schnittlauch dazugeben, mit Salz und Pfeffer abschmecken und sehr vorsichtig vermengen. Mindestens 30 Minuten ziehen lassen.

4 In der Zwischenzeit die Frankfurter Wüstchen in einem Topf langsam erhitzen (nicht kochen) und jeweils 2 auf einem Teller anrichten. Mit dem Kartoffelsalat servieren.

Feldsalat mit Speck

Für 4 Personen

1 EL Pflanzenöl
100 g durchwachsener Speck, in feine Streifen geschnitten
2 EL Kürbiskerne
200 g Feldsalat
200 g Kirschtomaten, halbiert
frisches Brot, zum Servieren

Dressing
2 EL Weißweinessig
1 EL Himbeeressig
2 EL Walnussöl
2 kleine Zwiebeln, sehr fein gehackt
Salz und grob gemahlener schwarzer Pfeffer

1 Das Öl in einer Pfanne erhitzen. Speck und Kürbiskerne zugeben und anrösten. Mit einem Schaumlöffel aus der Pfanne nehmen und abtropfen lassen.

2 Für das Dressing alle Zutaten in eine kleine Schüssel geben und gut verrühren. Feldsalat und Tomaten in eine große Schüssel geben, mit dem Dressing übergießen und vermengen. Speck und Kürbiskerne darübergeben und mit frischem Brot servieren.

Schon gewusst?
Der Salat mit den meisten Namen: Feldsalat, Nüsschen, Mausohr, Ackersalat, Vogerlsalat oder Rapunzel – alles ein und dasselbe, klärte mich meine Oma auf …

Krabbencocktail

Für 4 Personen

60 ml Tomatenketchup
150 g Crème fraîche
1 EL Mayonnaise
1 EL Weinbrand
500 g gekochte kleine Garnelen, ausgelöst
Salz und Pfeffer
4 Zitronenscheiben, zum Garnieren

Zum Servieren
4 Blätter Eisbergsalat
getoastetes Weißbrot

1 Tomatenketchup, Crème fraîche, Mayonnaise und Weinbrand in eine kleine Schüssel geben und gut verrühren.

2 Die Garnelen abspülen und trocken tupfen. In eine Schüssel geben, das Dressing darübergeben und vermengen. Mit Salz und Pfeffer abschmecken.

3 Die Salatblätter jeweils in eine Schale geben und den Krabbencocktail darauf anrichten. Mit einer Zitronenscheibe garnieren und mit Toast servieren.

Heringssalat

Für 6 Personen

175 g neue Kartoffeln
250 g Heringsfilet, gewürfelt
120 g gekochte Rote Bete, gewürfelt
½ säuerlicher Apfel, geschält, entkernt und gewürfelt
1 kleine Zwiebel, sehr fein gehackt
1 Gewürzgurke, sehr fein gehackt
1 EL Zucker
1 TL Weißweinessig
150 g saure Sahne
Salz und Pfeffer
3 hart gekochte Eier, geviertelt, zum Garnieren
4 Brötchen, zum Servieren

1 Die Kartoffeln in einen Topf geben, mit Wasser bedecken, aufkochen und gar kochen. Abtropfen und etwas abkühlen lassen. Dann pellen und in Scheiben schneiden.

2 Das Heringsfilet in eine Schüssel geben. Kartoffeln, Rote Bete, Apfel, Zwiebel und Gewürzgurke zugeben und vorsichtig vermengen.

3 Zucker, Essig und saure Sahne zufügen, mit Salz und Pfeffer abschmecken und vorsichtig verrühren. Die Schüssel abdecken und den Salat 2 bis 4 Stunden im Kühlschrank ziehen lassen.

4 Den Salat mit den Eivierteln garnieren und zusammen mit den Brötchen servieren.

Mein Tipp:
Mit den Schalen von rohen Kartoffeln rücke ich Kalkflecken auf meinen Amaturen zu Leibe: Die Fruchtfleischseite reibe ich über die Stellen, lasse es gut eintrocknen und poliere mit einem fast trockenen Tuch alles nach. Glänzendes Ergebnis!

Soleier

Für 6 Personen

6 Eier
750 ml Wasser
Schalen von 3 großen Zwiebeln
4 EL Salz
10 Pfefferkörner
½ TL Wacholderbeeren
2 Lorbeerblätter
3 TL Senfkörner

Zum Servieren
Senf
Gewürzgurken

1 Die Eier in einen Topf mit kaltem Wasser geben, aufkochen und bei mittlerer Hitze 9 bis 10 Minuten köcheln lassen. Die Eier aus dem Topf nehmen und unter fließend kaltem Wasser abschrecken.

2 Das abgemessene Wasser in einen Topf geben. Zwiebelschalen, Salz, Pfefferkörner, Wacholderbeeren, Lorbeerblätter und Senfkörner zufügen und 10 Minuten kochen lassen, bis sich das Wasser bräunlich färbt. Vom Herd nehmen und auskühlen lassen.

3 Die Eier ringsherum leicht anklopfen, damit die Schalen ganz feine Risse bekommen. Dann in ein großes Einmachglas geben und mit der Marinade übergießen. Das Glas gut verschließen und die Soleier mindestens 2 Tage ziehen lassen.

Mein Tipp:
Zum Servieren die Eier schälen, halbieren und mit Senf und Gewürzgurken auf eine Platte legen. Dazu passt am besten ein kühles Bier!

Handkäs mit Musik

Für 1 Person

1 Harzer Käse oder anderer reifer Sauermilchkäse, in etwa 2 cm dicke Scheiben geschnitten
1 EL Sonnenblumenöl
2 EL Weißweinessig
1 kleine Zwiebel, fein gehackt
Kümmel (nach Belieben)

Zum Servieren
1 Scheibe Schwarzbrot
Butter

1 Den Käse in eine kleine Schüssel legen. Öl, Essig und Zwiebel verrühren und über den Käse gießen. Die Schüssel abdecken und den Käse 2 Stunden bei Zimmertemperatur ziehen lassen.

2 Den Käse aus der Marinade heben und auf einen Teller legen. Die Zwiebelstückchen darüber verteilen und mit Schwarzbrot und Butter servieren.

Meine Grundrezepte: Eier

Pochiertes Ei

- 2 l Wasser
- 50 ml Weißweinessig
- 1 Ei

1 Das Wasser in einem hohen Topf erhitzen, danach den Essig hinzugeben. Das Wasser darf nicht kochen. Das Ei in ein Glasgefäß aufschlagen und dann vorsichtig in das Essigwasser gleiten lassen. Dabei das Ei mit einem Löffel sanft wenden, sodass das Eiweiß das Eigelb umschließt. Ein Ei mittlerer Größe pochiert in etwa 3 bis 5 Minuten – die erforderliche Zeit hängt auch vom persönlichen Geschmack ab.

2 Das Ei mit einer Schaumkelle vorsichtig aus dem Topf heben und auf einem Teller abtropfen lassen. Gegebenenfalls die überstehenden Eiweißfäden mit einem Messer abschneiden und danach servieren: auf Salat, mit Toast oder einfach nur mit Butter und frischen Kräutern.

Wichtig: Eier sollten kurz vor dem Verwenden aus dem Kühlschrank genommen werden, damit sie beim Kochen eine bessere Konsistenz behalten und nicht auseinanderfließen. Der Essig bewirkt, dass das Ei besser stockt. Das Kochwasser niemals salzen, denn das würde das Gegenteil bewirken!

Eier Benedikt

- 150 g Blattspinat
- 10 g Butter
- 2 Eier
- 1 Prise Salz und Pfeffer
- 1 Prise frisch geriebene Muskatnuss

1 Die Eier wie zuvor beschrieben pochieren. Die Butter in einer Pfanne aufschäumen. Den geputzten und gewaschenen Blattspinat hinzugeben. Mit Salz, Pfeffer und frisch geriebener Muskatnuss würzen.

2 Den Spinat in der Pfanne zusammenfallen lassen, etwa 1 Minute lang schwenken und auf 2 getoasteten Weißbrotscheiben verteilen. Darauf das pochierte Ei geben und mit etwas Sauce hollandaise (s. S. 73) übergießen.

Gefüllte Eier

- 6 Eier
- 80 g Butter
- 1 Prise Salz
- 1 Prise Cayennepfeffer
- 1 EL mittelscharfer Senf
- 1 Zitrone
- 10 Tropfen Worcestersauce

1 Die Eier 10 Minuten lang kochen. Dann unter kaltem Wasser abschrecken, schälen und der Länge nach halbieren. Das Eigelb mit einem kleinen Löffel vorsichtig herauslösen.

2 Die zimmerwarme Butter in einer Schüssel mit Salz und Cayennepfeffer schaumig schlagen. Den Senf hinzufügen und mit einem Schneebesen verrühren.

3 Mit dem Saft von ½ Zitrone und Worcestersauce abschmecken. Das Eigelb hinzugeben und glatt rühren.

4 Die Eimasse durch ein feines Sieb streichen und in einen Spritzbeutel mit Sterntülle geben. Die hart gekochten Eiweißhälften unter fließendem lauwarmen Wasser auswaschen. Auf einen Teller mit Krepppapier zum Abtropfen geben.

5 Die Eigelb-Butter-Füllung mit dem Spritzbeutel dekorativ in die Eiweißhälften spritzen. Je nach Geschmack mit Cherrytomaten, Peperoni, Kapern, Sardellen oder kleinen Petersilienblättern dekorieren.

Eier in Senfsoße

- ½ l Béchamelsauce
- 1 EL Crème fraîche
- 200 ml Sahne
- 2 EL mittelscharfer Senf
- 1 TL scharfer Senf
- 8 Eier
- 600 g Salzkartoffeln
- 8 schwarzePfefferkörner
- ½ Bund Petersilie
- 1 EL Butter

1 Die Béchamelsauce (s. S. 73) bei mittlerer Hitze langsam unter ständigem Rühren zum Kochen bringen. Die Crème fraîche und Sahne zur Béchamelsauce hinzugeben.

2 Die beiden Senfsorten mit einem Schneebesen einrühren. In der Zwischenzeit die gekochten Salzkartoffeln mit Butter und der abgezupften und feingeschnitenen Petersilie vermischen.

3 Die Eier 10 Minuten hart kochen und kurz unter kaltem Wasser abschrecken. Die geschälten Eier in die Sauce legen. Die Petersilienkartoffeln auf einem Teller anrichten. Jeweils zwei Eier mit Senfsauce dazu geben und mit Petersilienblättern garnieren.

Zwiebelkuchen mit Kümmel

Für 4 Personen

Teig
2 Päckchen Trockenhefe
2 TL Zucker
125 ml warmes Wasser
120 g zimmerwarme Butter
1 TL Salz
250 ml heiße Milch
600 g Mehl
1 Ei
4 Eigelb
Öl, zum Einfetten

Belag
2 EL Butter
6 Scheiben Schinkenspeck, fein geschnitten
6–10 große Zwiebeln, fein gehackt
Salz
2 EL Kümmelsamen
1 EL Mehl
150 g saure Sahne
2 Eier, leicht verquirlt

1 Hefe und Zucker ins Wasser geben, verrühren und 10 Minuten an einem warmen Ort gehen lassen. Butter, Salz und Milch in einer Schüssel verrühren. Beiseitestellen und etwas abkühlen lassen. Dann 120 Gramm Mehl und die Hefemischung in die Buttermischung einrühren und 30 Minuten gehen lassen. Ei, Eigelb und restliches Mehl zugeben und zu einem weichen Teig vermengen.

2 Den Teig kneten, bis er glatt und elastisch ist. In eine Schüssel geben, abgedecken und 1 Stunde gehen lassen, bis er sein Volumen verdoppelt hat. Dann den Teig nochmals kräftig durchkneten. Eine Tarteform mit Öl einpinseln und den Teig hineindrücken, bis er die Form ausfüllt. Abdecken und 20 Minuten ruhen lassen.

3 Für den Belag die Butter in einer Pfanne zerlassen. Speck, Zwiebeln, etwas Salz und Kümmel zugeben und anbraten. Die Hitze reduzieren und die Zwiebeln glasig dünsten. Erst das Mehl, dann saure Sahne und Eier einrühren und etwas eindicken lassen.

4 Den Backofen auf 200°C vorheizen. Den Belag auf dem Teig verteilen und 15 Minuten stehen lassen. 30 Minuten im Ofen backen, bis der Belag gestockt und fest ist. In Stücke schneiden und servieren.

Obazda

Für 4 Personen

250 g reifer Camembert, gewürfelt
3 EL weiche Butter
120 g Frischkäse (Doppelrahmstufe)
1 Zwiebel, sehr fein gehackt
1 EL edelsüßes Paprikapulver, plus etwas mehr zum Bestäuben
½ TL Kümmel
Salz und weißer Pfeffer
2–4 EL Malzbier
dunkles Brot oder Brezeln, zum Servieren

1 Camembert und Butter in eine Schüssel geben, mit einer Gabel zerdrücken und vermengen. Frischkäse und Zwiebel zufügen und alles gut verrühren.

2 Paprikapulver und Kümmel zugeben, mit Salz und Pfeffer abschmecken und gut vermischen. Das Bier zugießen und alles glatt rühren. Falls die Masse noch nicht streichfähig sein sollte, etwas mehr Bier zugießen.

3 Die Schüssel abdecken und für 1 Stunde in den Kühlschrank stellen. Den Obazda mit etwas Paprikapulver bestreuen und mit Brot oder Brezeln servieren.

Mein Tipp:
Diese bayerische Käsecreme eignet sich prima zur Verwertung meiner Weichkäsereste, wobei ich durchaus verschiedene Sorten mische. Wenn die Käserinde schon zu hart ist, entferne ich sie und verwende nur den überreifen Kern. Lecker dazu schmecken auch feine Zwiebelringe …

Kartoffelpuffer

Für 4 Personen

1 kg mehligkochende Kartoffeln, geschält
2 große Zwiebeln
2 Eier
Salz
2 EL Mehl
Pflanzenöl, zum Ausbacken

1 Kartoffeln und Zwiebeln mit einer Raspel in eine Schüssel reiben. Falls zu viel Flüssigkeit entstanden ist, die Masse in ein sauberes Geschirrtuch geben und ausdrücken. Eier, Salz und Mehl zufügen und gut vermengen.

2 Etwas Öl in einer großen Pfanne erhitzen. Jeweils 1 gehäuften Esslöffel Kartoffelmasse in das heiße Öl geben, mit dem Löffel flach drücken und ausbacken. Nicht zu viele Kartoffelpuffer auf einmal ausbacken, da sonst das Öl zu schnell abkühlt. Einmal wenden und so lange backen, bis die Puffer goldbraun sind. Dann aus der Pfanne nehmen und auf Küchenpapier abtropfen lassen. Fertige Puffer im Ofen warm stellen. Warm servieren.

Mein Tipp:
Dazu selbstgemachtes Pflaumen- oder Apfelkompott (s. S. 192 u. 202)! Falls – für den unwahrscheinlichen Fall – welche überbleiben sollten, schmecken sie auch kalt auf Schwarzbrot.

Pfannkuchen

Für 4 Personen

250 g Mehl
½ TL Salz
4 Eier
300 ml Milch
100 ml Mineralwasser mit Kohlensäure
Butter, zum Ausbacken

1 Mehl und Salz in eine Schüssel sieben. Die Eier verquirlen, die Milch zugießen und gut verrühren. Zur Mehlmischung geben und alles zu einem glatten Teig verarbeiten. Dann das Mineralwasser unterrühren.

2 In einer Pfanne 2 Esslöffel Butter zerlassen. Ein Viertel des Teigs in die Pfanne geben und diese schwenken, um ihn gut und gleichmäßig zu verteilen.

3 Den Pfannkuchen bei mittlerer Hitze braten, bis er schön goldbraun ist, dann wenden und auf der anderen Seite ausbacken. Auf einen vorgewärmten Teller geben und im vorgeheizten Backofen warm stellen. Die restlichen Pfannkuchen ausbacken, dabei vorher stets etwas Butter in die Pfanne geben. Warm servieren.

Mein Tipp:
Ob süß oder herzhaft beglegt, bei Pfannkuchen ist immer für jeden etwas dabei. Zimt und Zucker oder geriebener Apfel kam bei den Kindern besonders gut an – mein Geschmack ist ja eher Käse und Schinken, danach dann Zimt und Zucker …

Fleisch & Geflügel

Pichelsteiner Eintopf

Für 4 Personen

300 g Rindfleisch aus der Schulter, in 2,5 cm große Würfel geschnitten
300 g Lammfleisch, in 2,5 cm große Würfel geschnitten
300 g Schweineschnitzel, in 2,5 cm große Würfel geschnitten
Salz und Pfeffer
1 EL Schweineschmalz
3 Zwiebeln, gehackt
½ TL getrockneter Majoran
300 g Kartoffeln, in 2,5 cm dicke Würfel geschnitten
200 g Sellerieknolle, in 2,5 cm große Würfel geschnitten
250 g Karotten, in dicke Scheiben geschnitten
1 Petersilienwurzel, in Scheiben geschnitten
250 g Porree, in Ringe geschnitten
600 ml Fleischbrühe
300 g Wirsing, die äußeren harten Blätter sowie Mittelrippen entfernt und grob gehackt
2 EL frisch gehackte Petersilie, zum Garnieren

1 Das Fleisch großzügig mit Salz und Pfeffer würzen. Das Schmalz in einer großen Pfanne bei mittlerer Hitze zerlassen. Zwiebeln und Fleisch zugeben und unter Rühren anbraten, bis das Fleisch Farbe angenommen hat.

2 Majoran, Kartoffeln, Sellerie, Karotten, Petersilienwurzel und Porree zugeben, die Pfanne abdecken und 15 Minuten bei gelegentlichem Rühren schmoren lassen.

3 Die Brühe zugießen und zum Kochen bringen. Abdecken, die Hitze auf niedrigste Stufe reduzieren und 1 Stunde lang leise köcheln lassen. Den Wirsing zugeben und weitere 30 Minuten köcheln lassen. Nochmals mit Salz und Pfeffer abschmecken, mit Petersilie bestreuen und servieren.

Mein Tipp:
Omas Eintöpfe standen bei jeder Familienfeier hoch im Kurs. Falls ich nicht die notwendigen Gemüse für den echten Pichelsteiner zur Hand habe, lasse ich mich von meinen Vorräten inspirieren – grüne Bohnen, Erbsen oder Weißkohl sind ein leckerer Ersatz …

Gaisburger Marsch

Für 4 Personen

1 kg Rinderkochfleisch
1 Suppenknochen
2 Markknochen
1 große Zwiebel, mit 4 Nelken gespickt
1 Bund Suppengemüse, grob gehackt
1 Lorbeerblatt
2 TL Salz
10 Pfefferkörner
1,5 l heißes Wasser
450 g Kartoffeln, in grobe Stücke geschnitten
2 Karotten, in Stücke geschnitten
1 Porreestange, in Ringe geschnitten
1 EL Butter
1 große Zwiebel, in Ringe geschnitten
250 g Spätzle, nach Packungsanleitung gegart
Salz und Pfeffer
1 Prise frisch geriebene Muskatnuss
2 EL frisch gehackte Petersilie, zum Garnieren

1 Fleisch, Knochen, Zwiebel, Suppengemüse, Lorbeer, Salz und Pfefferkörner in einen großen Topf geben. Das Wasser zugießen und zum Kochen bringen. Den Topf bedecken und etwa 1½ Stunden bei geringster Hitze köcheln lassen, dabei gelegentlich den Schaum abschöpfen.

2 Das Fleisch aus dem Sud heben und auf einen Teller legen. Die Suppe durch ein Sieb in eine Schüssel gießen. Knochen und Gemüse wegwerfen. Die Brühe zurück in den Topf geben, Kartoffeln, Karotten und Porree zufügen und aufkochen lassen. Auf mittlere Hitze reduzieren und so lange köcheln lassen, bis die Kartoffeln gar sind.

3 Die Butter in einer Pfanne zerlassen, die Zwiebelringe zugeben und goldbraun braten. Das Fleisch in große Würfel schneiden. Fleisch, Zwiebelringe und Spätzle zur Brühe in den Topf geben. Mit Salz, Pfeffer und Muskatnuss abschmecken und nochmals kurz aufkochen lassen. Mit Petersilie bestreuen und heiß servieren.

Rinderrouladen mit Rotkohl

Für 4 Personen

4 Rinderrouladen
Salz und Pfeffer
2 TL Paprikapulver
3 EL Dijon-Senf
4 Scheiben Schinkenspeck
2 Zwiebeln, davon 1 fein gehackt, 1 in dünne Ringe geschnitten
50 g Butterschmalz
2 Karotten, halbiert und in Scheiben geschnitten
1 Selleriestange, in dünne Scheiben geschnitten
1 EL Tomatenmark
100 ml Rotwein
350 ml Fleischbrühe

Zum Servieren
Apfelrotkohl (s. S. 158)
Kartoffelklöße (s. S. 150, nach Belieben)

1 Die Rinderrouladen ausbreiten und mit Salz, Pfeffer und Paprikapulver würzen. Dann jeweils auf einer Seite mit Senf bestreichen und mit 1 Scheibe Schinkenspeck belegen. Die gehackte Zwiebel darauf verteilen, das Fleisch aufrollen und mit Küchengarn zusammenbinden.

2 Das Butterschmalz in einer großen Pfanne erhitzen und die Rouladen darin von allen Seiten scharf anbraten. Sobald sie von allen Seiten gut gebräunt sind, die Rouladen aus der Pfanne nehmen und den größten Teil des Fettes abgießen. Nun Gemüse und Zwiebelringe in die heiße Pfanne geben und kurz anbraten. Das Tomatenmark unterrühren und kurz mitbraten. Mit dem Rotwein ablöschen und den Bratensatz von der Pfanne lösen. Die Brühe zugießen und aufkochen lassen. Dann die Rouladen wieder in die Pfanne geben, die Hitze auf geringste Stufe reduzieren und alles etwa 1½ Stunden köcheln lassen, bis das Fleisch gar ist.

3 Die Sauce nach Belieben mit dem Pürierstab bearbeiten. Die Rouladen mit Rotkohl und nach Belieben mit Klößen servieren.

Mein Tipp:
Für die, die es gern mögen, lege ich eine Gewürzgurke in die Mitte der Roulade und wickele sie erst dann. Schmeckt saftiger und knackig!

Rheinischer Sauerbraten

Für 8 Personen

2 kg magerer Rinderschmorbraten
Salz und Pfeffer
4 EL Butterschmalz
100 g Rosinen
2 EL Zuckerrübenkraut

Marinade
750 ml trockener Rotwein
250 ml Rotweinessig
250 ml Wasser
2 große Zwiebeln, in Ringe geschnitten
1 Bund Suppengemüse, gehackt
2 Lorbeerblätter
2 Nelken
1 TL Senfkörner
1 TL schwarze Pfefferkörner, leicht zerdrückt
1 TL Wacholderbeeren, leicht zerdrückt
3 Pimentkörner, leicht zerdrückt

Zum Servieren
Kartoffeln oder
Kartoffelklöße (s. S. 150)
Apfelrotkohl (s. S. 158)

1 Für die Marinade alle Zutaten in einen Topf geben, kurz aufkochen und abkühlen lassen. Das Fleisch in die Flüssigkeit legen und darauf achten, dass es gut bedeckt ist. Die Schüssel abdecken und mindestens 2 Tage oder bis zu 1 Woche an einem kühlen Ort marinieren. Dabei das Fleisch mehrmals in der Marinade wenden und darauf achten, dass es gut bedeckt bleibt.

2 Das Fleisch aus der Marinade nehmen, trocken tupfen und salzen und pfeffern. Die Marinade durch ein Sieb in eine Schüssel seihen. Gemüse und Gewürze beiseitestellen.

3 Das Butterschmalz in einem großen Bräter erhitzen und das Fleisch von allen Seiten scharf anbraten. Dann Gemüse und Gewürze aus der Marinade zugeben. Nach und nach die Marinade zugießen und den Bratensatz vom Boden lösen. Den Bräter abdecken. Die Hitze auf kleinste Stufe reduzieren und 2 Stunden köcheln lassen, bis das Fleisch gar ist. Das Fleisch herausheben, auf einer Platte anrichten und in Scheiben schneiden. Die Sauce durch ein Sieb passieren. Dann nochmals in den Bräter geben, Rosinen und Rübenkraut einrühren, mit Salz und Pfeffer würzen und etwas einkochen.

4 Den Sauerbraten aufschneiden und mit der Sauce sowie Rotkohl und Kartoffeln servieren.

Gulasch

Für 4 Personen

750 g Rinder- oder Kalbsgulasch
Salz und Pfeffer
3 EL Butterschmalz
1 kleine Dose Tomatenmark
500 g Zwiebeln, grob gehackt
2 Karotten, in Scheiben geschnitten
450 g Kartoffeln, in dicke Scheiben geschnitten
1–2 EL edelsüßes Paprikapulver
1 TL Cayennepfeffer
250 ml Rotwein
400 ml Fleischbrühe
1 Lorbeerblatt
2 EL frisch gehackte Petersilie, zum Garnieren
Brot, zum Servieren

1 Das Fleisch in eine Schüssel geben, mit Salz und Pfeffer würzen und gut vermengen. Das Butterschmalz in einem Bräter erhitzen und das Fleisch darin scharf anbraten. Das Fleisch aus dem Bräter nehmen und beiseitestellen. Das Tomatenmark in den Bräter geben und kurz anbraten, dann Zwiebeln, Karotten und Kartoffeln zufügen und unter Rühren weitergaren.

2 Das Fleisch hinzugeben, mit Paprika und Cayennepfeffer bestäuben und gut verrühren. Dann mit Rotwein und Brühe ablöschen und das Lorbeerblatt zugeben. Den Topf abdecken und die Hitze auf die geringste Stufe reduzieren. Mindestens 1½ Stunden köcheln lassen, bis das Fleisch ganz zart ist.

3 Nochmals mit Salz, Paprikapulver oder Cayennepfeffer abschmecken, mit der Petersilie garnieren und mit Brot servieren.

Meine Grundrezepte: Saucen

Braune Bratensauce / Jus

Ergibt ca. 2,5 l

- 3 kg Rinderknochen
- 4 EL Pflanzenöl
- 250 g Karotten
- 400 g Zwiebeln
- 120 g Sellerieknolle
- 120 g Selleriestangen, mit jungem Grün
- 2 Knoblauchknollen
- 10 Nelken
- 1 EL weiße Pfefferkörner
- 1 TL Pimentkörner
- 2 Zweige Thymian
- 2 Zweige Rosmarin
- 5 Lorbeerblätter
- 2 TL Salz
- 2 EL Tomatenmark
- 2 EL Mehl
- 250 ml Rotwein
- ca. 3 l Wasser oder Kalbsfond

1 Die Rinderknochen vom Metzger in walnussgroße Stücke hacken lassen. Die Knochen in einem breiten Topf in Pflanzenöl von allen Seiten etwa 30 Minuten goldbraun rösten. Dabei umrühren und den Bratensatz am Topfboden immer wieder abkratzen, da dieser sonst anbrennen und die Sauce bitter machen würde!

2 Karotten, Zwiebeln und Sellerieknolle schälen, die Selleriestangen waschen; grüne Blätter beiseitestellen. Das Gemüse in 2 Zentimeter große Stücke schneiden und zu den Knochen geben. Weitere 20 Minuten rösten und dabei umrühren.

3 Die Knoblauchknollen quer halbieren und die Gewürze mit der flachen Seite des Messers andrücken. So entfalten sie ein viel intensiveres Aroma. Die gewaschenen Kräuter mit den Lorbeerblättern in die Sauce geben. Das Ganze mit Salz bestreuen.

4 Die Knochen und das Gemüse zur Seite schieben und das Tomatenmark in die Mitte geben. Das Mark ebenfalls rösten, damit es milder wird und nicht zu stark aus der Sauce herausschmeckt.

5 Mit Mehl bestäuben und weitere 10 Minuten rösten. Das Mehl bindet die Sauce leicht, während das Rösten den Mehlgeschmack verfliegen lässt und dennoch die Bindung beibehält.

6 Sellerieblätter hinzufügen, mit der Hälfte des Rotweins ablöschen und vollständig verkochen. Danach mit der zweiten Hälfte ablöschen und nochmals einkochen lassen – dieser Vorgang ist wichtig für die Intensität der Sauce. So werden die Geschmacksstoffe aus- und wieder eingekocht!

7 Nun mit ca. 3 Litern kaltem Wasser aufgießen, sodass die Knochen leicht bedeckt sind. Hat man hellen Kalbsfond vorrätig, dann diesen statt Wasser zum Aufgießen verwenden. Die Sauce wird so um ein Vielfaches besser!

8 Nun die Sauce mindestens 2 Stunden, besser 3 Stunden, langsam köcheln lassen. Dabei immer wieder mit kaltem Wasser nachgießen, damit die Knochen bedeckt bleiben. Zwischendurch mit einer Schaumkelle den Schaum abnehmen, da dieser sonst einkocht und die Sauce trübt.

9 Zum Schluss die Sauce durch ein grobes Sieb geben. Die Knochen und das Gemüse leicht ausdrücken. Die Sauce noch mal durch ein feines Sieb passieren und aufkochen, den Schaum abschöpfen und eventuell leicht mit Salz und Pfeffer nachwürzen. Diese Jus ist eine wichtige Grundsauce und kann gut zu allen kurzgebratenen Fleischgerichten gereicht werden.

Meine Grundrezepte: Saucen

Legierte Geflügelrahmsauce

Ergibt ca. 0,5 l

- 1 Schalotte
- 60 g Champignons
- 30 g Butter
- 10 weiße Pfefferkörner
- 2 Nelken
- 200 ml Weißwein
- 500 ml Hühnerbrühe
- 300 ml Sahne
- 150 g Crème fraîche
- 1 Prise Salz
- 1 Prise Cayennepfeffer
- 2 Eier

1 Die Schalotte schälen und fein würfeln. Die Champignons putzen und in feine Scheiben schneiden. Die Butter in einer Stielkasserolle aufschäumen lassen. Die Schalotte und die Champignonscheiben darin anschwitzen. Die Pfefferkörner und Nelken mit der flachen Seite eines Messers andrücken und dazugeben.

2 Nun mit Weißwein ablöschen und diesen fast vollständig verkochen lassen. Die Hühnerbrühe aufgießen und ebenfalls fast vollständig einkochen lassen, bis ein sirupartiger Bodensatz übrig ist.

3 Danach mit 200 ml Sahne und Crème fraîche aufgießen. Aufkochen lassen und mit Salz und Cayennepfeffer abschmecken. Mit einem Pürierstab mixen und durch ein feines Sieb passieren. Die Rückstände mit der Schöpfkelle gut durchdrücken. Wieder in eine Stielkasserolle geben.

4 Die Eier trennen, das Eigelb zu der restlichen Sahne geben und mit einem Schneebesen verrühren. Nun diese Eigelb-Sahne-Verbindung (in der Fachsprache: Liaison) in die heiße Sauce geben, die somit gebunden, das heißt legiert, wird. Die Sauce darf nicht mehr kochen, da sonst das Eigelb ausflocken und die Sauce dünn und stückig geraten würde.

Béchamelsauce

Ergibt ca. 1 l

- 1 Zwiebel
- 1 Lorbeerblatt
- 2 Nelken
- 60 g Butter
- 30 g Mehl
- ¾ l Milch
- ¼ l Sahne
- 1 Prise Salz
- 1 Prise weißer Pfeffer
- 1 Prise Muskatnuss

1 Die geschälte Zwiebel mit dem Lorbeerblatt und den Nelken spicken.

2 Die Butter im Topf zerlassen und das Mehl darin hell rösten.

3 Einen Teil der Milch in den Topf geben und sofort verrühren, damit sich die Mehlschwitze auflöst.

4 Mit der restlichen kalten Milch und der Sahne aufgießen und verrühren. Die gespickte Zwiebel in die Sauce geben.

5 Etwa 10 Minuten leicht köcheln, dabei öfter umrühren. Mit Salz, weißem Pfeffer und Muskatnuss abschmecken.

6 Die Sauce zum Schluss durch ein feines Sieb passieren. Mit Klarsichtfolie abdecken, damit die Sauce keine Haut ziehen kann.

Sauce hollandaise

Ergibt ca. 1 l

- 100 ml Weißwein
- 5 Eier
- 1 Prise Salz
- 350 g Butter
- Saft von ½ Zitrone
- 1 EL Estragonessig
- 1 Prise Cayennepfeffer

1 Für das Wasserbad 3 cm Wasser in einem Topf zum Kochen bringen. Den Weißwein in eine Schüssel mit rundem Boden gießen. Die Eier trennen, das Eigelb in die Schüssel geben und das Eiweiß zur anderweitigen Verarbeitung in den Kühlschrank stellen. Nun die Schüssel auf das Wasserbad stellen, salzen und die Mischung mit einem Schneebesen aufschlagen. Das Eigelb mit dem Schneebesen kräftig schlagen, bis es weiß und schaumig ist.

2 Die Butter in einem kleinen Topf zerlassen und warm, aber nicht heiß, vorsichtig mit einer Kelle in das schaumige Eigelb laufen lassen. Währenddessen mit dem Schneebesen weiter rühren, damit sich die Butter und das Eigelb miteinander verbinden und eine schaumig-cremige Konsistenz ergeben. Die Zubereitung erfolgt genau wie die von Mayonnaise (s. S. 184), allerdings ist die Sauce warm. Zum Schluss mit Salz, Zitronensaft, Estragonessig und Cayennepfeffer abschmecken.

Berliner Kalbsleber

1 Die Leber trocken tupfen und in dem Mehl wenden. Die Hälfte der Butter in einer Pfanne erhitzen, die Leber zugeben und bei mittlerer Hitze von beiden Seiten in 3 Minuten goldbraun anbraten. Dabei mit Salz und Pfeffer würzen. Die Leber herausnehmen, auf einen Teller geben, abdecken und warm stellen.

2 Die übrige Butter in der Pfanne erhitzen. Die Zwiebelringe hineingeben, salzen, pfeffern und goldgelb braten. Mit einem Schaumlöffel aus der Pfanne heben, auf einen Teller legen und beiseitestellen.

3 Nun die Apfelscheiben in die Pfanne geben, kurz anbraten und vom Herd nehmen. Zuerst etwas Kartoffelpüree und Rotkohl auf Tellern anrichten, dann mit der Leber, den Apfelscheiben und Zwiebeln belegen.

Für 4 Personen

4 Scheiben Kalbsleber (à 150 g)
2 EL Mehl
50 g Butter
Salz und frisch gemahlener weißer Pfeffer
2 große Zwiebeln, in Ringe geschnitten
2 Äpfel, geschält, entkernt, halbiert und in Scheiben geschnitten

Zum Servieren
Apfelrotkohl (s. S. 158)
Kartoffelpüree (s. S. 90)

Schon gewusst?
Kalbsleber enthält viel Vitamin B, C und E sowie Kalium und hat einen sehr hohen Eisen- und Zinkgehalt – aber kaum Kalorien. Trotz der möglichen Belastung durch Schwermetalle gilt der Verzehr von einer Portion Leber pro Woche als unbedenklich.

Hackbraten

Für 4 Personen

2 EL Butter
1 große Zwiebel, fein gehackt
1 Knoblauchzehe, fein gehackt
800 g gemischtes Hackfleisch (vom Rind, Schwein und Kalb)
4 EL frisch gehackte Petersilie, plus etwas mehr zum Garnieren
2 Eier, leicht verquirlt
120 g Weißbrot vom Vortag, in Würfel geschnitten, in etwas Milch eingeweicht und gut ausgedrückt
Salz und Pfeffer
¼ TL frisch geriebene Muskatnuss
1 TL frisch gehackter Thymian
Mehl, zum Bestäuben
2 EL Butterschmalz
100 g durchwachsener Speck, in Scheiben geschnitten
300 ml Rinder- oder Gemüsebrühe
125 g saure Sahne
2 TL Speisestärke, in 2 TL Wasser aufgelöst (nach Bedarf)

1 Die Butter in einer Pfanne erhitzen und die Zwiebel darin glasig dünsten. Den Knoblauch zugeben und kurz mit andünsten. Vom Herd nehmen und abkühlen lassen.

2 Den Backofen auf 200°C vorheizen. Das Hackfleisch in eine Schüssel geben und mit Zwiebel-Knoblauch-Mischung, Petersilie, Eiern und Brot gut vermengen. Mit Salz, Pfeffer, Muskatnuss und Thymian kräftig würzen und zu einem Braten formen. Rundum mit etwas Mehl bestäuben. In einem Schmortopf mit Deckel das Butterschmalz zerlassen und den Hackbraten vorsichtig rundum anbraten.

3 Die Oberseite des Hacklaibes mit den Speckscheiben belegen. Mit 200 Millilitern Brühe aufgießen, in den Ofen stellen, abdecken und 40 Minuten schmoren lassen, dabei gelegentlich mit dem Bratensaft übergießen. Dann die restliche Brühe zufügen, den Deckel entfernen und weitere 20 Minuten schmoren.

4 Den Braten aus dem Topf nehmen und den Bratensatz durch Rühren vom Boden lösen. Die saure Sahne zugeben und mit der Sauce verrühren. Falls die Sauce zu dünn ist, mit der Speisestärke andicken. Den Hackbraten in dicke Scheiben schneiden, mit etwas Petersilie garnieren und mit der Sauce servieren.

Kohlrouladen

Für 4 Personen

1 kleiner Wirsing, etwa 800 g, die äußeren Blätter entfernt (ersatzweise Weißkohl)
1 Schüssel Eiswasser
3 EL Butter
500 ml Fleischbrühe
150 g Créme fraîche oder Schmand
Salz und Pfeffer
1–2 TL Speisestärke (nach Bedarf)
frisch gekochte Salzkartoffeln, zum Servieren

Füllung

500 g Hackfleisch, halb und halb
Salz und Pfeffer
120 g Langkornreis, fast gar gekocht und abgetropft
1 große Zwiebel, fein gehackt
2 EL frisch gehackte Petersilie

1 Für die Füllung alle Zutaten in eine Schüssel geben, gut vermengen und beiseitestellen.

2 Vom Wirsing vorsichtig 12 Blätter ablösen. Einen großen Topf zur Hälfte mit Salzwasser füllen und zum Kochen bringen. Die Wirsingblätter darin etwa 2 Minuten blanchieren, in Eiswasser abschrecken und abtropfen lassen.

3 Jeweils 1 Wirsingblatt auf die Arbeitsfläche legen. 1 gehäuften Esslöffel der Füllung auf das Blattende geben, die Seiten in die Mitte schlagen und fest aufrollen. Mit den übrigen Blättern wiederholen.

4 Die Butter in einem großen Topf erhitzen und die Rouladen mit der Nahtseite nach unten in den Topf legen und etwa 3 Minuten anbraten. Dann die Rouladen wenden und nochmals 3 Minuten anbraten. Mit der Brühe übergießen, die Hitze reduzieren und etwa 45 Minuten köcheln lassen, bis alles gar ist.

5 Die Rouladen aus dem Topf nehmen, auf einen Teller legen und warm stellen. Créme fraîche oder Schmand in die Brühe einrühren und mit Salz und Pfeffer abschmecken. Falls die Sauce zu dünn ist, die Speisestärke mit 2 Esslöffeln Brühe anrühren, in die Sauce geben und gut verrühren. Die Wirsingrouladen auf einem Teller anrichten, mit Sauce übergießen und servieren. Dazu passen Salzkartoffeln.

Eingemachtes Kalbfleisch

Für 4 Personen

800 g Kalbfleisch aus der Schulter, in 2,5 cm große Würfel geschnitten
Salz und Pfeffer
3 EL Butterschmalz
1 Zwiebel, fein gehackt
1 Bund Suppengemüse, grob gehackt
250 ml Kalbsbrühe
1 Lorbeerblatt
3 Nelken
200 g Schlagsahne
2 EL Butter
2 EL Mehl
1 EL Kapern
2 Eigelb
Zucker, zum Abschmecken
Kartoffelpüree (s. S. 90), zum Servieren

1 Das Fleisch in eine Schüssel geben, gut mit Salz und Pfeffer würzen. Das Butterschmalz in einer großen Pfanne erhitzen, das Fleisch zugeben und scharf anbraten. Das Fleisch aus der Pfanne nehmen und beiseitestellen.

2 Zwiebel und Suppengemüse in die heiße Pfanne geben und ein paar Minuten dünsten. Das Fleisch wieder zufügen, nochmals erhitzen und mit der Brühe ablöschen. Lorbeerblatt und Nelken zugeben und den Topf abdecken. Die Hitze reduzieren und etwa 45 Minuten unter gelegentlichem Rühren schmoren lassen, bis das Fleisch ganz zart ist. Lorbeerblatt und Nelken entfernen, die Sahne einrühren und etwas einkochen lassen.

3 In einem kleinen Topf aus Butter und Mehl eine Mehlschwitze herstellen. In den Fleischtopf geben und die Sauce damit binden. Die Kapern zugeben. Nun das Eigelb einrühren und mit Salz, Pfeffer und etwas Zucker abschmecken. Mit dem Kartoffelpüree servieren.

Mein Tipp:
Meine Großmutter kochte dieses schwäbische Festessen von Tante Luise aus Stuttgart in Weckgläsern ein, um es für unangekündigten Besuch parat zu haben. Übrigens: Echt schwäbisch schmecken natürlich auch Spätzle als Beilage (s. S. 163) …

Mein Dekorationstipp:
Wer nicht viel von Omas Sachen geerbt hat, aber dennoch dem Charme von schönen Dingen erlegen ist, sollte sich auf Flohmärkten umschauen – mit wenigen alten Schätzchen schafft man schnell etwas Atmosphäre.

Jägerschnitzel

Für 4 Personen

4 große Kalbsschnitzel (à 175 g)
Salz und Pfeffer
2 Eier, verquirlt
200 g Semmelbrösel
4 EL Mehl
4 EL Sonnenblumenöl
frisch gekochte, halbierte neue Kartoffeln, nach Wunsch angebraten, zum Servieren

Jägersauce
1 EL Butter
1 große Zwiebel, fein gehackt
450 g braune Champignons, in dünne Scheiben geschnitten
2 EL Tomatenmark
250 ml Wasser
250 ml Weißwein
1 Prise getrockneter Thymian
2 TL Paprikapulver
Salz und Pfeffer
2 EL frisch gehackte Petersilie
60 g Schlagsahne

1 Mit einem Fleischklopfer die Schnitzel etwas plattieren und mit Salz und Pfeffer würzen. In einen tiefen Teller die verquirlten Eier geben, auf einem weiteren Teller Semmelbrösel und Mehl verrühren. Die Schnitzel zuerst durch die Eier, dann durch die Mehlmischung ziehen.

2 Das Öl in einer Pfanne erhitzen und die Schnitzel darin 4 bis 5 Minuten braten, dabei einmal wenden. Aus der Pfanne nehmen und auf Küchenpapier abtropfen lassen. Abdecken und warm stellen.

3 Für die Sauce die Butter in derselben Pfanne zerlassen und die Zwiebel darin goldbraun anbraten. Die Pilze zufügen und so lange braten, bis sie gar sind. Das Tomatenmark einrühren und Wasser und Wein zugießen. Thymian und Paprikapulver zugeben und mit Salz und Pfeffer würzen. Aufkochen, die Hitze reduzieren und die Sauce 5 Minuten lang köcheln lassen, bis sie etwas andickt.

4 Petersilie und Sahne einrühren. Die Schnitzel auf Tellern mit den Kartoffeln anrichten und mit der Jägersauce servieren.

Rehschäufele in Wacholderrahm

Für 4 Personen

1 kg Rehschulter bzw. -blatt (entbeint)
Salz und Pfeffer
3 EL Öl
500 g Suppengemüse, grob gehackt
500 g Tomaten
100 g Mehl
250 ml Fleischbrühe
200 g saure Sahne
2 EL Doppelwacholder
frische Brunnenkresse oder Petersilie, zum Garnieren

Marinade
700 ml Rotwein
1 Lorbeerblatt
4 Gewürznelken
5 Pfefferkörner
½ TL Thymian
½ TL Rosmarin

1 Für die Marinade alle Zutaten in eine große Schüssel geben. Das Fleisch hineinlegen und mindestens 3 Tage im Kühlschrank marinieren. Mehrfach wenden und darauf achten, dass das Fleisch immer bedeckt ist.

2 Den Backofen auf 200°C vorheizen. Das Fleisch aus der Marinade nehmen, gut abtropfen lassen und die Marinade aufbewahren. Das Fleisch mit Salz und Pfeffer würzen. In einem Bräter das Öl erhitzen und das Fleisch darin scharf anbraten. Nun das Suppengemüse und die Tomaten zugeben. Den Braten mit dem Mehl bestäuben, mit der Rotweinmarinade ablöschen und die Brühe zugießen. In den Ofen geben und 45 Minuten oder so lange schmoren, bis das Fleisch gar ist. Dann aus dem Ofen nehmen, das Fleisch in Alufolie eingewickelt auf eine Servierplatte legen und 10 Minuten ruhen lassen.

3 Für die Sauce den Bratensatz lösen, die saure Sahne mit einem Schneebesen einrühren und mit Salz, Pfeffer und Doppelwacholder abschmecken. Den Braten mit Brunnenkresse oder Petersilie garnieren und servieren.

Wildschwein in Burgunder

1 Den Braten in eine große Schüssel legen, alle Zutaten für die Marinade zugeben und darauf achten, dass das Fleisch gut bedeckt ist. Die Schüssel abdecken und mindestens 24 Stunden, besser aber 3 Tage im Kühlschrank marinieren. Dabei zweimal am Tag das Fleisch wenden.

2 Das Fleisch aus der Marinade nehmen, trocken tupfen und mit Salz und Pfeffer würzen. Die Marinade durch ein Sieb in eine Schüssel passieren. Gemüse und Gewürze wegwerfen. Den Backofen auf 200°C vorheizen.

3 Das Öl in einem Bräter erhitzen und das Fleisch darin von allen Seiten scharf anbraten. Mit der Marinade ablöschen, die Hitze auf die geringste Stufe reduzieren und den Bräter abdecken. Etwa 2 Stunden im Ofen schmoren, bis das Fleisch zart ist. In dicke Scheiben schneiden und auf einer Servierplatte mit dem gekochten Wirsing anrichten.

4 Die Schmorflüssigkeit durch ein Sieb passieren, abschmecken und mit der Speisestärke binden. Als Sauce zum Fleisch servieren.

Für 4 Personen

1,3 kg Wildschweinbraten ohne Knochen
Salz und frisch gemahlener weißer Pfeffer
4 EL Sonnenblumenöl
1 EL Speisestärke, in 1 EL Wasser aufgelöst
frisch gekochter Wirsing, zum Servieren

Marinade

1 Bund Suppengemüse, grob gehackt
1 große Zwiebel, grob gehackt
3 Stängel frischer Thymian, fein gehackt
1 TL Pfefferkörner
2 Lorbeerblätter
1 TL Wacholderbeeren
125 ml Rotweinessig
750 ml roter Burgunder

Kasseler mit Püree

Für 6 Personen

1 kg Kasseler-Rücken, vom Metzger ausgelöst
1 Zwiebel, fein gehackt
2 TL Speisestärke, in 2 TL Wasser aufgelöst
3 EL Semmelbrösel, in 1 EL Butter angebräunt
frisches Brot, zum Servieren

Kartoffelpüree
900 g Kartoffeln
Salz
250 ml heiße Milch
2 EL Butter
Pfeffer
frisch geriebene Muskatnuss

1 Den Backofen auf 190°C vorheizen. Den Kasseler mit der Fettseite nach oben auf ein tiefes Backofenblech legen. Die Zwiebel rundherum verteilen und gerade so viel Wasser zugießen, dass der Boden des Bleches bedeckt ist. 1½ Stunden im Ofen rösten, bis das Fleisch gar ist. Dabei immer wieder etwas Wasser zugießen.

2 Die Kartoffeln in einen großen Topf geben und mit Wasser bedecken. Salz zugeben und aufkochen. So lange kochen, bis die Kartoffeln gar sind. Dann das Wasser abgießen und die Kartoffeln pellen. Zurück in den Topf geben und mit einem Kartoffelstampfer zerstampfen. Milch und Butter zugeben und verrühren. Mit Salz, Pfeffer und Muskatnuss abschmecken.

3 Das Fleisch aus dem Ofen nehmen und 10 Minuten abkühlen lassen. Etwas Wasser auf das Backblech gießen und den Bratensatz lösen. Den Bratensatz in einen kleinen Topf geben und erhitzen. Die Speisestärke einrühren und so lange unter Rühren köcheln lassen, bis alles etwas eindickt. Dann mit Salz und Pfeffer abschmecken.

4 Den Kasseler in Scheiben schneiden und mit der Sauce und dem Kartoffelpüree auf Tellern anrichten. Mit den Semmelbröseln bestreuen und mit frischem Brot servieren.

Schweinebraten mit Rosenkohl

Für 4 Personen

1,5 kg Schweinerollbraten mit Schwarte
2 EL Sonnenblumenöl
Salz und Pfeffer
1 TL Kümmelsamen
4 Zwiebeln, fein gehackt
2 Karotten, in dünne Scheiben geschnitten
1 Porreestange, in Ringe geschnitten
125 ml dunkles Bier
125 ml Wasser
4 TL Speisestärke, in etwas Wasser aufgelöst
150 g Schlagsahne (nach Belieben)
frisch gekochter Rosenkohl, zum Servieren

1 Den Schweinebraten mit Öl, Salz, Pfeffer und Kümmel einreiben und 15 bis 30 Minuten ziehen lassen.

2 Den Backofen auf 180°C vorheizen. Zwiebeln, Karotten und Porree in einen Bräter geben. Das Fleisch mit der Schwarte nach unten darauflegen und mit Bier und Wasser aufgießen. Etwa 1 Stunde im Ofen garen. Gegebenenfalls etwas Wasser nachgießen.

3 Aus dem Ofen nehmen, das Fleisch umdrehen und die Schwarte rautenförmig einschneiden. Die Hitze auf 160°C reduzieren. Mit der Schwarte nach oben etwa 45 Minuten garen. Dabei nochmals etwas Wasser zugießen. Falls die Schwarte nach Ende der Garzeit noch nicht knusprig genug ist, den Ofen auf 250°C hochschalten und den Braten weitere 10 Minuten knusprig backen.

4 Den Braten aus dem Ofen nehmen und warm stellen. Den Bratensatz mit etwas Wasser ablöschen, lösen und durch ein Sieb in einen Topf streichen. Die Speisestärke einrühren und die Sauce etwas eindicken. Nach Geschmack Schlagsahne zugeben. Den Braten auf einer Servierplatte anrichten. Mit der Sauce und Rosenkohl servieren.

Bratwurst mit bayerischem Kraut

Für 4 Personen

1 Weißkohl (etwa 1 kg)
2 EL Schweineschmalz
1 EL Zucker
1 große Zwiebel, fein gehackt
500 ml Fleischbrühe, nach Bedarf etwas mehr
Salz und Pfeffer
1 TL Kümmelsamen
2–3 EL Weißweinessig
1 EL Butterschmalz
4 Bratwürste

1 Den Weißkohl halbieren, den Strunk herausschneiden und den Kohl entweder mit dem Krauthobel in Streifen oder einem Messer in Rauten schneiden.

2 Das Schweineschmalz in einem Topf erhitzen, den Zucker zugeben und ganz kurz anrösten. Die Zwiebel zufügen und kurz anbraten. Den Kohl unterheben und mit der Fleischbrühe ablöschen. Etwas Pfeffer und Kümmel zugeben und unter mehrmaligem Rühren etwa 1 Stunde bei geringer Hitze köcheln lassen. Dabei nach Bedarf noch etwas Wasser oder Fleischbrühe nachgießen, damit nichts anbrennt. Sobald das Kraut weich ist, mit Salz und Essig würzen.

3 Das Butterschmalz in einer Pfanne bei mittlerer Hitze zerlassen und die Bratwürste rundum etwa 3 Minuten anbraten.

4 Das bayerische Kraut auf Tellern anrichten, die Bratwürste darüberlegen und servieren.

Eisbein mit Sauerkraut

Für 4 Personen

3 l Wasser
4 gepökelte Eisbeine (à 400 g), abgespült und abgetropft
2 große Zwiebeln, geviertelt
3 Lorbeerblätter
12 Pfefferkörner, leicht zerdrückt
5 Wacholderbeeren
1½ TL Zucker

Zum Servieren
Sauerkraut (s. S. 164)
Erbsenpüree (s. S. 181)

1 Das Wasser in einem großen Topf zum Kochen bringen und die Eisbeine zugeben. Zwiebeln, Lorbeerblätter, Pfefferkörner, Wacholderbeeren und Zucker zufügen. Den Topf abdecken und bei geringer Hitze 1½ Stunden köcheln lassen, bis das Fleisch zart ist, aber nicht vom Knochen fällt.

2 Die Eisbeine mit Sauerkraut auf Tellern anrichten und mit Petersilie garniert servieren.

Gefüllte Ente

Für 4–6 Personen

1 EL Butter
200 g Maronen, gekocht und geschält
2 Zwiebeln, fein gehackt
2 Äpfel, geschält und gewürfelt
2 EL Rosinen
1 Ente (2–2,5 kg), mit Leber und Herz
1 Ei
1 EL frisch gehacktes Basilikum
1 EL frisch gehackte Petersilie
Salz und Pfeffer
Salzwasser (2 TL Salz auf 4 EL heißes Wasser)

1 Den Backofen auf 200°C vorheizen. Die Butter in einer Pfanne zerlassen. Maronen, Zwiebeln, Äpfel und Rosinen darin anbraten. Leber und Herz fein hacken, in die Pfanne geben und mitdünsten.

2 Die heiße Maronenmasse in eine Schüssel geben. Ei, Kräuter, Salz und Pfeffer zufügen und gut verrühren. Die Ente mit der Masse füllen und die Öffnung mit Küchengarn verschließen. Mit der Brust nach oben auf einen Gitterrost legen, eine Fettpfanne darunter platzieren und 1 Stunde braten. Dabei gelegentlich mit dem abgetropften Fett begießen. Die Hitze auf 150°C reduzieren.

3 Die Ente mit dem Salzwasser bepinseln und nochmals 20 Minuten im Backofen backen. Aus dem Ofen nehmen und kurz ruhen lassen. Auf einer Platte anrichten und servieren.

Mein Tipp:
Als Beilage zur Ente koche ich nach meiner Omas Rezept immer reichlich Apfelrotkohl (s. S. 158) – besonders gesund und bei allen Gästen heiß begehrt ...

Hase im Rotweintopf

Für 6 Personen

1 junger Hase (etwa 2 kg), Knochen entfernt und in Portionsstücke zerlegt
1 EL Butterschmalz
2 Zwiebeln, fein gehackt
100 g durchwachsener Speck, in Scheiben geschnitten
200 g Pumpernickel, zerbröselt
500 g Schweinebauch, in mundgerechte Stücke geschnitten
trockener Rotwein, zum Aufgießen
1 frischer Zweig Thymian
2 EL Mehl

Marinade
3 große Zwiebeln, geviertelt
2 Knoblauchzehen, halbiert
1 EL Wacholderbeeren
1 l trockener Rotwein
Salz und Pfeffer

1 Das Hasenfleisch in einen Steinguttopf schichten. Die Marinadenzutaten zugeben und darauf achten, dass das Fleisch gut bedeckt ist. Den Topf abdecken und das Fleisch 2 Tage im Kühlschrank marinieren.

2 Das Schmalz in einer Pfanne zerlassen und die Zwiebeln darin goldgelb dünsten. Beiseitestellen. Den Boden einer Auflaufform mit Deckel mit den Speckscheiben auslegen. Einige Hasenstücke aus der Marinade nehmen und auf dem Speck verteilen. Etwas gedünstete Zwiebel und Pumpernickelbrösel daraufgeben und mit einer Lage Schweinebauch belegen. Auf diese Weise schichten, bis alles aufgebraucht ist.

3 Die Marinade durch ein Sieb in eine Schüssel abgießen und über den geschichteten Hasen geben. Mit so viel Rotwein aufgießen, dass alles gut bedeckt ist. Den Thymianzweig darauflegen und die Form abdecken.

4 Den Backofen auf 180°C vorheizen. Das Mehl mit sehr wenig Wasser anrühren, bis eine dicke Paste entstanden ist. Mit dieser den Deckel der Form von außen versiegeln. Den Hasen 2 Stunden im Ofen schmoren, dabei nach der ersten Stunde die Hitze auf 160°C reduzieren. Den Teigrand von der Form entfernen, den Deckel abnehmen und den Hasen im Topf servieren.

Königsberger Klopse

Für 4 Personen

1 EL Butter
2 kleine Zwiebeln, gehackt
500 g Kalbshack oder Hackfleisch, halb und halb
2 Brötchen vom Vortag, zerkleinert in Wasser eingeweicht und gut ausgedrückt
1 Ei
3 EL Semmelbrösel
abgeriebene Schale von ½ Zitrone
3–4 Sardellenfilets, gehackt
1½ TL frisch gehackter Majoran
Salz und weißer Pfeffer
Bandnudeln, Kartoffeln oder Reis, zum Servieren

Brühe

1 l Fleischbrühe
1 Lorbeerblatt
1 TL Piment
1 Zwiebel, geviertelt

Sauce

2 EL Butter
2 EL Mehl
100 ml Weißwein
1 EL mittelscharfer Senf
3 EL kleine Kapern
2 EL Zitronensaft
1 Prise Zucker
100 g Schmand
2 Eigelb

1 Für die Klopse die Butter in einer Pfanne zerlassen und die Zwiebeln darin glasig dünsten. In eine Schüssel füllen. Fleisch, Brötchen, Ei, Semmelbrösel, Zitronenschale, Sardellen und Majoran zugeben, mit Salz und weißem Pfeffer würzen und vermengen, bis eine geschmeidige Masse entsteht. Daraus Klopse formen und beiseitestellen.

2 Für die Brühe alle Zutaten in einen großen Topf geben und aufkochen lassen, dann die Hitze reduzieren. Die Klopse in die Brühe geben und 10 bis 15 Minuten bei schwacher Hitze garen. Vom Herd nehmen und mit einem Schaumlöffel die Klopse aus der Brühe nehmen und warm stellen. Die Brühe in eine Schüssel abseihen und 500 ml aufbewahren.

3 Für die Sauce die Butter in einem Topf zerlassen, das Mehl einrühren und anschwitzen. Mit Brühe und Wein ablöschen und Senf, Kapern, Zitronensaft und Zucker einrühren. Die Hitze auf geringste Stufe reduzieren, den Schmand zugeben und 5 Minuten ziehen lassen. Die Hitze abschalten. Das Eigelb mit etwas Wasser verquirlen, in den nicht mehr kochenden Sud geben und gut verrühren. Mit Salz und weißem Pfeffer abschmecken.

4 Die Klopse in die Sauce geben und etwa 10 Minuten ziehen lassen. Mit Bandnudeln, Kartoffeln oder Reis servieren.

Huhn in Riesling

Für 4 Personen

70 g Butter
1 küchenfertige Poularde, in 8 Portionsstücke zerteilt
Salz und Pfeffer
1 Zwiebel, fein gehackt
200 g Champignons, in Scheiben geschnitten
350 ml Riesling
1 Zweig frischer Thymian
50 g saure Sahne
Zitronensaft, zum Abschmecken
frisch gehackter Estragon, zum Abschmecken
frisch gekochter Reis, zum Servieren

1 Die Butter in einer Pfanne erhitzen. Die Hähnchenstücke salzen und pfeffern und in die Pfanne geben. Von allen Seiten goldbraun anbraten. Aus der Pfanne nehmen und beiseitestellen.

2 Zwiebel und Champignons in die noch heiße Pfanne geben und 5 Minuten andünsten. Die Hähnchenstücke wieder zugeben und mit dem Riesling ablöschen. Den Thymianzweig zufügen und auf geringe Hitze reduzieren. Die Pfanne abdecken und das Hähnchen 30 Minuten köcheln lassen.

3 Die Hähnchenstücke aus der Pfanne nehmen und warm stellen. Den Bratensaft etwas einkochen, die saure Sahne einrühren und mit Zitronensaft, Salz, Pfeffer und Estragon abschmecken. Die Pfanne vom Herd nehmen und die Hähnchenstücke in die Sauce geben. Ein paar Minuten ziehen lassen und mit Reis servieren.

Mein Tipp:
Besser nicht am Wein sparen: Es lohnt sich einen hochwertigen, trockenen Riesling von der Mosel, aus der Pfalz oder aus dem Rheingau zu verwenden – und während des Kochens belohne ich mich gerne schon mal mit einem Gläschen …

Hühnerfrikassee

Für 6 Personen

1 Suppenhuhn (etwa 1,5 kg)
1 große Zwiebel, geviertelt
1 Bund Suppengemüse, grob gehackt
5 Pfefferkörner
1 Lorbeerblatt
½ TL Salz
3 EL Butter
3 EL Mehl
150 ml Milch
100 g Champignons, in Scheiben geschnitten und kurz angedünstet
100 g Erbsen, Tiefkühlware aufgetaut
100 g Spargelstücke aus dem Glas, abgetropft
2 Eigelb
60 g Schlagsahne
Zitronensaft, zum Abschmecken
Salz und Pfeffer
1 TL Kapern (nach Belieben)
frisch gekochter Reis, zum Servieren

1 Das Huhn mit Zwiebel, Suppengemüse, Pfefferkörnern, Lorbeerblatt und Salz in einen großen Topf geben, mit Wasser bedecken und aufkochen lassen. Dabei den entstehenden Schaum abschöpfen. Dann die Hitze auf geringste Stufe reduzieren und alles 1½ Stunden köcheln lassen.

2 Das Huhn aus der Brühe nehmen, von Haut und Knochen befreien und in mundgerechte Stücke zerteilen. Die Brühe durch ein Sieb in eine Schüssel passieren. 400 Milliliter der Brühe zurück in den Topf geben und warm halten. Gemüse und Gewürze wegwerfen.

3 Die Butter in einem kleinen Topf zerlassen, das Mehl einrühren und anschwitzen. Mit der Milch und der zurückbehaltenen warmen Brühe ablöschen und alles unter Rühren aufkochen lassen, bis die Sauce etwas andickt. Die Hitze reduzieren und Hühnerfleisch, Champignons, Erbsen und Spargelstücke zugeben. Ein paar Minuten köcheln lassen und dann vom Herd nehmen.

4 Das Eigelb mit der Schlagsahne verrühren und langsam unter Rühren in das nicht mehr kochende Frikassee geben. Mit Zitronensaft, Salz und Pfeffer sowie nach Belieben Kapern abschmecken. Mit Reis servieren.

Gefüllter Gänsebraten

Für 4–6 Personen

1 küchenfertige Gans (etwa 3,5 kg), mit Gänseklein
1 Zitrone, halbiert
Salz und Pfeffer
1 Zwiebel, geschält und mit 3 Nelken gespickt
1 Karotte
1 Lorbeerblatt
Sauerkraut (s. S. 164), zum Servieren

Füllung
175 g getrocknete Pflaumen, eingeweicht, abgetropft und in Stücke geschnitten
3 Kochäpfel, geschält, entkernt und in Spalten geschnitten
220 g trockenes Schwarzbrot, gerieben
2 EL Zucker
½ Bund frischer Thymian, fein gehackt

1 Das Fett aus dem Inneren der Gans entfernen, ausspülen und trocken tupfen. Innen mit den Zitronenhälften einreiben und mit Salz und Pfeffer würzen.

2 Gespickte Zwiebel, Gänseklein, Karotte und Lorbeerblatt in einen Topf geben. Mit Wasser bedecken und 1½ Stunden köcheln lassen.

3 Inzwischen den Backofen auf 200°C vorheizen. Die Zutaten für die Füllung verrühren und in das Innere der Gans drücken. Die Öffnung mit Küchengarn verschnüren. Die Haut unterhalb der Keulen und Flügel mit einer Gabel einstechen. Die Gans mit der Brustseite nach unten in einen Bräter geben. Mit 250 Millilitern kochendem Wasser übergießen und in den Ofen schieben.

4 Das Fleisch 45 Minuten braten. Dabei immer wieder mit dem eigenen Saft übergießen.

5 Die Hitze auf 160°C reduzieren und eine weitere Stunde braten. Die Gans wenden, die Brust mit dem Bratensaft begießen und in 20 Minuten knusprig braten. Aus dem Ofen nehmen und kurz ruhen lassen.

6 Die Gänsekleinmischung durch ein Sieb in einen Topf abgießen und die Brühe erwärmen. Gänseklein und Gemüse wegwerfen. Den Bratensaft aus dem Bräter schöpfen und zur Brühe geben. Unter Rühren köcheln lassen, bis die Sauce reduziert ist. Die Gans mit Sauerkraut und Sauce servieren.

Fisch
& Meeresfrüchte

Kabeljau in Weißwein

Für 4 Personen

900 g Kabeljaufilet
4 Zitronenscheiben
3 EL Butter
1 EL Semmelbrösel
Salz und weißer Pfeffer
1 EL fein gehackte frische Petersilie, zum Garnieren
frisch gekochte neue Kartoffeln, zum Servieren

Brühe
300 ml Wasser
300 ml Weißwein
1 Bund Suppengrün, gehackt
1 Zwiebel
abgeriebene Schale von ½ Zitrone
1 Lorbeerblatt
3 Zweige frischer Thymian

1 Für die Brühe alle Zutaten in einen großen Topf geben und zum Kochen bringen. Die Hitze auf kleinste Stufe reduzieren, den Topf abdecken und die Brühe etwa 30 Minuten köcheln lassen.

2 Den Fisch in die heiße Brühe geben, den Topf abdecken und die Filets 15 Minuten garen, bis sie weich sind, aber nicht zerfallen. Den Fisch vorsichtig aus der Brühe heben und in einem Sieb abtropfen lassen.

3 Die Brühe durch ein Sieb in eine Schüssel passieren. Gemüse und Gewürze wegwerfen. ½ Liter Brühe in eine Pfanne gießen, Zitronenscheiben und Butter zugeben und wieder erhitzen. Sobald die Butter geschmolzen ist, die Zitronenscheiben entfernen. Die Semmelbrösel einrühren und die Sauce etwas andicken lassen. Mit Salz und Pfeffer abschmecken und die Fischfilets vorsichtig zugeben. Noch einmal erhitzen, mit der Petersilie bestreuen und mit neuen Kartoffeln servieren.

Matjes mit Pellkartoffeln

Für 4 Personen

300 ml Weißweinessig
250 ml Apfelsaft
250 g weißer Kandis
3 EL mittelscharfer Senf
30 g Senfkörner
4 Zwiebeln, in Ringe geschnitten
12 Matjesfilets
1 Bund Dill
frisch gekochte Pellkartoffeln, zum Servieren

1 Essig, Apfelsaft, Kandis, Senf und Senfkörner in einen Topf geben und etwa 5 Minuten kochen lassen. Die Zwiebeln zugeben und kurz mitkochen. Den Topf vom Herd nehmen und den Sud abkühlen lassen.

2 Die Matjesfilets in eine Schüssel geben und mit dem Sud übergießen. Darauf achten, dass der Fisch gut bedeckt ist. Die Schüssel abdecken, in den Kühlschrank stellen und 24 Stunden marinieren. Dazu Pellkartoffeln reichen.

Kräuterforelle in Weißwein

Für 4 Personen

4 kleine Forellen, küchenfertig
Salz und Pfeffer
Mehl, zum Bestäuben
3 EL Butter
½ Bund frische glatte Petersilie, fein gehackt
1 EL fein gehackte frische Zitronenmelisse
1 EL fein gehackter frischer Thymian
2 Zwiebeln, fein gehackt
2 Knoblauchzehen, fein gehackt
500 ml Weißwein
Zitronenviertel, zum Garnieren

1 Die Forellen waschen und trocken tupfen. Von innen und außen mit Salz und Pfeffer würzen und mit Mehl bestäuben.

2 Die Butter in der Pfanne zerlassen und Petersilie, Zitronenmelisse, Thymian, Zwiebeln und Knoblauch darin andünsten. Die Forellen zugeben und von jeder Seite 3 Minuten anbraten.

3 Mit dem Weißwein ablöschen, die Pfanne abdecken und die Forellen 15 bis 20 Minuten garen. Auf einer Platte anrichten, mit dem Sud beträufeln, mit Zitronenspalten garnieren und servieren.

Grüner Hering

Für 4 Personen

4 frische Heringe, küchenfertig und ohne Kopf
4 EL Mehl
Salz und Pfeffer
70 ml Sonnenblumenöl
1 große Zwiebel, in Ringe geschnitten
frisch gekochte grüne Bohnen, zum Servieren

Senfsauce
30 g Butter
30 g Mehl
250 ml Fischfond
2 EL Dijon-Senf
Salz und Pfeffer
etwas Schlagsahne
1 kleine Knoblauchzehe, zerdrückt

1 Die Heringe waschen, trocken tupfen, im Mehl wenden, salzen und pfeffern.

2 Für die Sauce die Butter in einem Topf zerlassen, das Mehl zugeben und anschwitzen. Mit dem Fischfond ablöschen und etwa 5 Minuten unter Rühren köcheln lassen, bis eine sämige Sauce entsteht. Den Senf einrühren und mit Salz und Pfeffer abschmecken. Dann etwas Schlagsahne und den Knoblauch zugeben, einmal aufkochen lassen und beiseitestellen.

3 Das Öl in einer Pfanne erhitzen und die Heringe von jeder Seite 4 Minuten kross anbraten. Die Heringe aus der Pfanne nehmen und beiseitestellen. Die Zwiebelringe in die heiße Pfanne geben und goldgelb anbraten. Die Heringe zusammen mit den grünen Bohnen auf Tellern anrichten und mit der Sauce beträufeln. Die Zwiebelringe darübergeben und servieren.

Schon gewusst?
Heringe, sowie auch Lachs und Makrelen, gehören zwar zu den fetteren Fischsorten, enthalten aber wertvolle Omega-3-Fettsäuren. Diese wirken sich günstig auf die Blutfette aus und sind wichtig für die Gesundheit von Herz und Kreislauf.

Hamburger Fischspeise

1 Die Fischfilets in einen Topf legen, mit Wasser bedecken und bei mittlerer Hitze so lange köcheln lassen, bis der Fisch fast gar ist. Vom Herd nehmen, den Fisch abtropfen lassen und in Stücke zerteilen.

2 Den Backofen auf 180°C vorheizen. In einem Topf 2 Esslöffel Butter zerlassen, das Mehl zugeben und anschwitzen. Mit dem Weißwein ablöschen und die saure Sahne einrühren. Die Hälfte des Emmentalers, die Kapern und nach Bedarf etwas Wasser hinzufügen und unter Rühren köcheln lassen, bis die Sauce andickt. Mit Salz und Pfeffer abschmecken.

3 Eine Auflaufform einfetten und die Fischstücke hineingeben. Die Sauce darüber verteilen und mit dem restlichen Käse und Semmelbröseln bestreuen. Die restliche Butter in Flöckchen darübergeben. Etwa 20 Minuten im Ofen backen, bis die Oberfläche goldgelb ist.

Für 4 Personen

800 g Weißfischfilet (z. B. Kabeljau oder Schellfisch)
4 EL Butter, plus etwas mehr zum Einfetten
4 EL Mehl
125 ml Weißwein
200 g saure Sahne
150 g Emmentaler, gerieben
1 EL Kapern
Salz und weißer Pfeffer
4 EL Semmelbrösel

Mein Tipp:
Entsprechend des alten deutschen Sprichworts: „Fisch will dreimal schwimmen: in Wasser, Schmalz und Wein" sorge ich immer für reichlich Getränke beim Fischessen – es muss ja nicht immer Alkohol sein...

Seezunge Müllerinart

Für 4 Personen

800 g Seezungenfilets
Salz und Pfeffer
Saft von 1 Zitrone
4 EL Mehl
4 EL Butter
2 EL Öl
1 Bund frische Petersilie, fein gehackt

Zum Servieren
frisch gekochte grüne Bohnen
Zitronenspalten

1 Die Seezungen waschen, trocken tupfen, mit Salz und Pfeffer würzen und mit dem Zitronensaft beträufeln. Die Filets kurz ziehen lassen und im Mehl wenden.

2 In einer großen Pfanne 2 Esslöffel Butter und das Öl erhitzen. Die Fischfilets in die Pfanne legen und bei mittlerer Hitze 4 Minuten braten. Vorsichtig wenden und weitere 4 Minuten braten. Aus der Pfanne heben und auf einer vorgewärmten Platte warm stellen.

3 Die restliche Butter in einem kleinen Topf zerlassen und leicht braun werden lassen. Die Petersilie über die Seezungen streuen und die braune Butter darübergießen. Mit grünen Bohnen und Zitronenspalten servieren.

Gebackener Weißfisch

Für 4 Personen

4 dicke Weißfischsteaks, z.B. Schwertfisch
Salz und Pfeffer
4 Tomaten, gehäutet und in Stücke geschnitten
½ grüne Paprika, in dünne Streifen geschnitten
2 Zwiebeln, in Ringe geschnitten
1 EL Paprikapulver
4 Scheiben Schinkenspeck, in feine Stücke geschnitten
3 EL Butter, zerlassen
heißer Fischfond, zum Angießen (nach Bedarf)
50 g saure Sahne (nach Belieben)

1 Den Backofen auf 180°C vorheizen. Den Fisch waschen, trocken tupfen und mit Salz und Pfeffer würzen. Tomatenstücke, Paprika und Zwiebeln in eine Auflaufform geben, mit dem Paprikapulver bestreuen und gut vermengen.

2 Die Fischscheiben auf das Gemüse platzieren und den Speck darüber verteilen. Mit der zerlassenen Butter übergießen und mit Alufolie bedecken. 30 Minuten im Ofen braten. Nach Bedarf etwas Brühe zugießen.

3 Die Alufolie entfernen und weitere 10 Minuten braten. Den Fisch aus der Form nehmen und nach Belieben die saure Sahne in das Gemüse einrühren. Die Fischscheiben mit dem Gemüse anrichten und servieren.

Schellfisch mit Senfsauce

Für 4 Personen

600 ml Gemüsebrühe
abgeriebene Schale von ½ Zitrone
1 Lorbeerblatt
4 Schellfischfilets
4 EL Butter
4 Zitronenspalten (nach Belieben), zum Garnieren

Senfsauce
70 g Butter
4 EL Mehl
2 EL Dijon-Senf
Salz und Pfeffer

Zum Servieren
1 EL Kapern
1 hart gekochtes Ei, in kleine Stücke zerteilt
frisch gekochte neue Kartoffeln
frisch gekochte grüne Bohnen

1 Gemüsebrühe, Zitronenschale und Lorbeerblatt in einen Topf geben und aufkochen lassen. Vom Herd nehmen und die Fischfilets zugeben. Den Topf zurück auf den Herd stellen, die Hitze auf kleinste Stufe reduzieren und so lange köcheln, bis der Fisch gar, aber noch fest ist. Die Fischfilets vorsichtig aus der Brühe heben und in einem Sieb abtropfen lassen. Auf einen Teller geben, abdecken und im Backofen warm halten. Vom Fischsud ½ Liter abmessen und beiseitestellen.

2 Für die Sauce 50 Gramm Butter in einem Topf zerlassen. Das Mehl darüberstreuen und anschwitzen. Mit dem beiseitegestellten Fischsud ablöschen und unter Rühren 10 Minuten köcheln. Den Senf einrühren und weitere 5 Minuten köcheln, bis die Sauce etwas andickt. Die restliche Butter zugeben und mit Salz und Pfeffer abschmecken.

3 Die Butter für den Fisch in einem Topf zerlassen. Die Fischfilets auf Tellern anrichten und mit der Butter übergießen. Kapern und Ei darüber verteilen und mit neuen Kartoffeln, grünen Bohnen und der Senfsauce servieren. Nach Belieben mit Zitronenspalten garnieren.

Seezunge vorbereiten

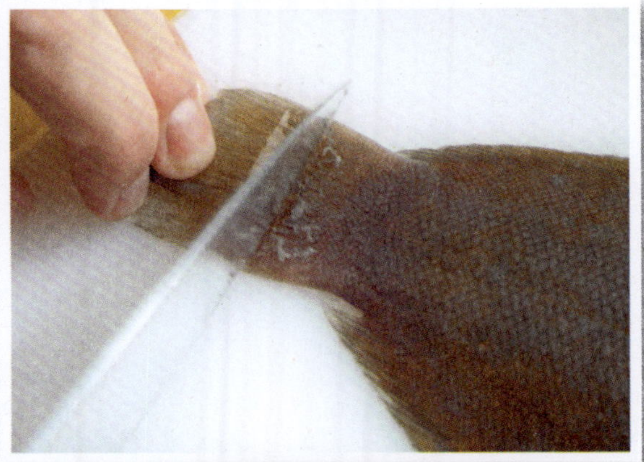

Seezungen wird die Haut vom Schwanz her abgezogen. Hierzu in der Mitte der Schwanzflosse die Haut mit einem Messer einritzen und leicht abschaben, sodass man sie mit der Hand greifen kann. Man kann den Fisch auch für ein paar Sekunden in kochendes Wasser tauchen: die Haut löst sich von der Flosse und kann leichter abgezogen werden.

Die Haut idealerweise mit einem Krepppapier greifen, damit sie nicht aus den Händen gleitet. Auch die Verwendung von Salz oder eines sauberen Tuches erleichtern das Häuten erheblich. Die Haut am besten ruckartig bis über den Kopf abziehen.

Es wird nur die dunkle Haut abgezogen, die darunterliegende weiße Haut wird am Fisch belassen und lediglich geschuppt. Seezungen grundsätzlich auf beiden Seiten häuten, da die Haut äußerst derb und fest ist – also, den Fisch wenden und auch die andere Seite häuten.

Anschließend den Flossensaum an der Unter- und Oberseite der Seezunge sorgfältig mit einer Küchenschere abschneiden. Der Flossensaum sollte vollständig entfernt werden bevor der Fisch ausgenommen wird.

Zum Ausnehmen mit einem spitzen scharfen Messer einen Schnitt an der Bauchseite des Fisches vom Kopf bis zur Schwanzflosse durchführen. Dann den Fisch etwas aufklappen. Sämtliche Innereien sowie Blutreste lassen sich nun leicht mit den Fingern rausziehen.

Die ausgenommene Seezunge unter fließendem Wasser gut waschen und anschließend mit einem Küchentuch trocken tupfen. Bis zur weiteren Verarbeitung abgedeckt im Kühlschrank aufbewahren. Der Fisch kann entweder als Ganzes oder nach Zerteilen als Filets gebraten werden.

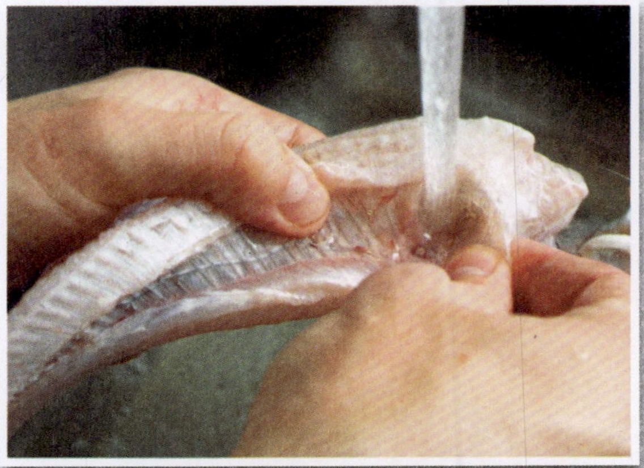

Seezungenröllchen in Zitronensauce

Für 4 Personen

8 Seezungenfilets, längs halbiert
Salz und Pfeffer
2 EL fein gehackte frische Petersilie
Butter, zum Einfetten

Zitronensauce
300 ml Wasser
Saft und abgeriebene Schale von 1 Zitrone
3 EL Butter
3 EL Mehl
Salz
1 Eigelb
30 g saure Sahne

1 Die Seezungenfilets abspülen und trocken tupfen. Mit Salz und Pfeffer würzen, fein gehackte Petersilie in die Mitte jeder Filethälfte geben und diese aufrollen. Mit kleinen Holzspießen feststecken. Eine Auflaufform einfetten und die Seezungenröllchen hineinlegen. Die Form abdecken und beiseitestellen.

2 Für die Sauce das Wasser in einen Topf geben, die Zitronenschale hinzufügen und zum Kochen bringen. Die Hitze auf die geringste Stufe reduzieren und 10 Minuten köcheln lassen. Die Zitronenschale aus dem Topf entfernen und das Zitronenwasser beiseitestellen.

3 Den Backofen auf 180°C vorheizen. Die Butter in einem Topf zerlassen, das Mehl einrühren und anschwitzen. Nach und nach das zurückbehaltene Zitronenwasser unter Rühren zugießen. Etwa 5 Minuten unter Rühren köcheln lassen, bis die Sauce etwas andickt. Den Zitronensaft zugießen, mit Salz abschmecken und vom Herd nehmen. Eigelb und saure Sahne in eine Schüssel geben und verquirlen. Nach und nach unter Rühren zur Sauce geben.

4 Die Sauce über die Seezungenröllchen gießen. In den Ofen schieben und etwa 20 Minuten backen. Sofort servieren.

Fischeintopf

Für 4 Personen

900 g Weißfischfilet
2 EL Zitronensaft
Salz
120 g fetter Speck, in kleine Würfel geschnitten
1 Zwiebel, fein gehackt
1 Bund Suppengrün, gehackt
600 g Kartoffeln, in 1 cm dicke Scheiben geschnitten
2 TL Paprikapulver

1 Den Fisch waschen und trocken tupfen. Mit dem Zitronensaft beträufeln, mit Salz würzen, abdecken und 30 Minuten marinieren.

2 Den Speck in einen Topf geben und scharf anbraten. Zwiebel, Suppengrün und Kartoffeln zugeben und anbräunen. Das Paprikapulver einrühren, mit 300 Milliliter Wasser aufgießen und zum Kochen bringen. Bei mittlerer Hitze etwa 15 Minuten garen.

3 Die Fischfilets halbieren und in den Topf auf das Gemüse legen. Dann die Hitze auf kleinste Stufe reduzieren, den Topf abdecken und weitere 15 Minuten garen. Bei Bedarf etwas Wasser zugießen. Auf Tellern anrichten und servieren.

Aal in Salbei

Für 4 Personen

1 kg frischer Aal,
küchenfertig und gehäutet
Salz
Saft von 1 Zitrone
1 großer Bund frische Salbeiblätter
80 g Butter
1 Zwiebel, fein gehackt
125 ml Weißwein
100 ml Fischfond

1 Den Aal waschen, trocken tupfen und in 5 Zentimeter lange Stücke schneiden. Salzen, die Hälfte des Zitronensaftes zugießen und gut vermengen. Die Aalstücke mit Salbeiblättern umwickeln und mit etwas Küchengarn zusammenbinden.

2 In einer großen Pfanne 50 g Butter bei mittlerer Hitze zerlassen und die Zwiebel darin andünsten. Aal und restlichen Zitronensaft zugeben und 5 Minuten garen. Mit Weißwein und Fischfond ablöschen und weitere 15 Minuten köcheln lassen, bis der Aal gar ist.

3 Den Aal auf vorgewärmten Tellern anrichten. Die restliche Butter in einem kleinen Topf zerlassen und etwas anbräunen. Die Aalstücke mit der Butter und dem Sud aus der Pfanne beträufeln und servieren.

Fischklöße mit Champignonsauce

Für 4 Personen

500 g Weißfischfilet
2 Eier, verquirlt
1 Brötchen, in Wasser eingeweicht, gut ausgedrückt und zerpflückt
2 TL fein gehackte frische Petersilie
abgeriebene Schale von 1 Zitrone
Salz und weißer Pfeffer
500 ml Fischfond

Champignonsauce
90 g Butter
150 g Champignons, in Scheiben geschnitten
1 Zwiebel, sehr fein gehackt
4 EL Mehl
500 ml Milch
1 TL Zitronensaft
Salz und Pfeffer

1 Die Fischfilets in eine Küchenmaschine geben und grob pürieren. In eine Schüssel geben und Eier, Brötchen, Petersilie und Zitronenschale zugeben und gut vermengen. Salzen und pfeffern. Aus der Masse kleine Klöße formen und beiseitestellen.

2 Den Fischfond in einen Topf gießen und zum Kochen bringen. Die Hitze reduzieren und die Fischklöße in den Fond geben. Etwa 15 Minuten köcheln, bis die Klöße gar sind.

3 In der Zwischenzeit für die Sauce 2 Esslöffel Butter bei mittlerer Hitze in einer Pfanne zerlassen, die Champignons zugeben und 5 Minuten dünsten. In einer weiteren Pfanne die restliche Butter zerlassen, die Zwiebel zufügen und goldbraun anbraten. Das Mehl zugeben und anschwitzen. Die Milch einrühren, die Pilze zugeben und unter Rühren 10 bis 15 Minuten köcheln lassen, bis die Sauce andickt. Den Zitronensaft zugießen und mit Salz und Pfeffer abschmecken.

4 Die Fischklöße abgießen, abtropfen lassen, auf Tellern anrichten und mit der Sauce servieren.

Mein Dekorationstipp:

Bei der Dekoration einer Tafel oder auch der Küche muss nicht immer alles zusammen passen, viel mehr Charme hat altes Besteck und Küchenwerkzeug. Ob nun von Oma oder vom Flohmarkt, das spielt keine Rolle, Hauptsache schön belebt.

Labskaus

Für 4 Personen

1 EL Butterschmalz
1 Zwiebel, fein gehackt
500 g Corned Beef
200 g Rote Bete aus dem Glas, abgetropft und fein gehackt, plus etwas Rote Bete-Saft
2 Gewürzgurken, fein gehackt, plus etwas Gewürzgurkensaft
2 Rollmöpse aus dem Glas, in kleine Stücke geschnitten, plus etwas Rollmopssaft
750 g Kartoffeln
Salz und Pfeffer
1 Prise frisch geriebene Muskatnuss

Zum Servieren
4 Spiegeleier
gekochte Rote Bete, in Scheiben geschnitten oder Rote Bete aus dem Glas

1 Das Butterschmalz in einem großen Topf erhitzen, die Zwiebel zugeben und andünsten. Das Corned Beef zugeben und anbraten. Rote Bete, Gewürzgurken und Rollmöpse zufügen und 5 Minuten garen lassen. Etwas Rote Bete-, Gewürzgurken- und Rollmopssaft durch ein Sieb zugießen, bis alles gut bedeckt ist. 30 Minuten köcheln lassen.

2 In der Zwischenzeit die Kartoffeln in einen großen Topf geben, mit Wasser bedecken, zum Kochen bringen und garen. Die Kartoffeln abgießen, etwas abkühlen lassen und pellen. Mit einem Kartoffelstampfer zu Püree verarbeiten. Mit Salz, Pfeffer und Muskatnuss würzen. Zu der Corned-Beef-Mischung in die Pfanne geben und alles noch einmal mit dem Kartoffelstampfer bearbeiten. Kurz erhitzen und die Masse dann in 4 Portionen teilen.

3 Auf Tellern mit Spiegelei und Rote-Bete-Scheiben anrichten.

Mein Tipp:
Für dieses typische Seemannsgericht meines Onkels Rudi verwende ich oft Matjesfilet anstelle der Rollmöpse und serviere diese separat, das heißt nicht untergemengt zu dem Rindfleisch-Kartoffel-Gemüse-Mus – auch sehr schmackhaft …

Grüner Aal

Für 4 Personen

1 kg frischer Aal, küchenfertig und gehäutet
Salz
Saft von 2 Zitronen
1 l Wasser
1 Bund Suppengemüse, fein gehackt
1 Zwiebel, geviertelt
2 Lorbeerblätter
6 Pfefferkörner
1 EL Weißweinessig
Gurkensalat, zum Servieren

Dillsauce
2 EL Butter
2 EL Mehl
125 ml Weißwein
Salz und Pfeffer
1 Prise Zucker
200 g Schlagsahne
2 Eigelb
2 EL frisch gehackter Dill

1 Den Aal waschen, trocken tupfen und in etwa 7 Zentimeter lange Stücke schneiden. Mit Salz würzen, mit dem Zitronensaft beträufeln, abdecken und 10 Minuten marinieren.

2 In einem großen Topf Wasser, Suppengemüse, Zwiebel, Lorbeerblätter, Pfefferkörner und Essig zum Kochen bringen. Die Aalstücke zugeben und bei geringer Hitze etwa 20 Minuten garen. Die Aalstücke herausnehmen, in einem Sieb abtropfen lassen und warm stellen. Den Fischsud durch ein Sieb in eine Schüssel abseihen.

3 Für die Sauce die Butter in einem Topf zerlassen, das Mehl zugeben und anschwitzen. ½ Liter von dem Fischsud und den Weißwein zugießen und mit Salz und Pfeffer würzen. Den Zucker zugeben. Etwa 5 Minuten bei geringer Hitze köcheln lassen, dann den Topf vom Herd nehmen. Die Sahne mit dem Eigelb verquirlen und unter Rühren in die Sauce geben. Anschließend den gehackten Dill einrühren.

4 Die Aalstücke auf Tellern anrichten, mit der Sauce begießen und mit Gurkensalat servieren.

Karpfen in Rotweinsauce

Für 6 Personen

1 Karpfen (etwa 1,5 kg), küchenfertig
Salz
½ TL getrockneter Thymian
60 g Butter
250 ml Rotwein
frisch gemahlener Pfeffer
1 Lorbeerblatt
2 Wacholderbeeren
4–6 Senfkörner
1 Zwiebel, fein gehackt
125 g saure Sahne
1 Prise Zucker
Pfeffer

Zum Servieren
frisch gekochte neue Kartoffeln
frisch gekochte grüne Bohnen

1 Den Backofen auf 180°C vorheizen. Den Karpfen waschen, trocken tupfen und von außen und innen mit Salz und Thymian einreiben.

2 Die Butter in einem Bräter zerlassen, den Karpfen zugeben und von beiden Seiten scharf anbraten. Mit dem Rotwein ablöschen und Pfeffer, Lorbeerblatt, Wacholderbeeren, Senfkörner und Zwiebel zufügen. Dann den Bräter abdecken, in den Ofen schieben und 30 bis 40 Minuten braten.

3 Den Fisch aus dem Bräter heben und warm stellen. Den Sud durch ein Sieb passieren, in einen Topf geben und aufkochen lassen. Die Würzzutaten wegwerfen. Die Hitze reduzieren, Sahne und Zucker zugeben und mit Salz und Pfeffer abschmecken.

4 Den Karpfen auf einer Servierplatte anrichten. Dazu neue Kartoffeln, grüne Bohnen und die Rotweinsauce servieren.

Schon gewusst?
Der Karpfen stammt aus Asien und wurde von den Römern nach Europa gebracht. Im Mittelalter war er ein wichtiger Speisefisch. Er gehört zur Gattung der Friedfische, ernährt sich vorwiegend von Insekten sowie Würmern und kann bis zu 50 Jahre alt werden.

Forelle blau

Für 4 Personen

2 l Wasser
500 ml Weißwein
125 ml Weißweinessig
1 Bund Suppengemüse, gehackt
1 geschälte Zwiebel, mit 1 Lorbeerblatt und 1 Nelke gespickt
1 TL Salz
½ TL Pfefferkörner
4 sehr frische Forellen, ausgenommen, nicht geschuppt
Zitronenviertel, zum Garnieren
frisch gekochte neue Kartoffeln, zum Servieren

1 Wasser, Weißwein, Essig, Suppengemüse, Zwiebel, Salz und Pfefferkörner in einem Topf mit sehr großem Durchmesser zum Kochen bringen, die Hitze reduzieren und 15 Minuten köcheln lassen.

2 In der Zwischenzeit die Forellen von innen salzen. Die Forellen vorsichtig in die köchelnde Brühe legen, den Topf abdecken und bei geringer Hitze etwa 10 bis 15 Minuten ziehen lassen. Sobald sich die Rückenflosse leicht herausziehen lässt, sind die Forellen gar.

3 Die Fische aus dem Topf heben und auf einer Platte mit Zitronenvierteln anrichten. Mit neuen Kartoffeln servieren.

Mein Tipp:
Die Forellen nur mit nassen Händen anfassen und darauf achten, dass die äußere Schleimschicht nicht verletzt wird, sonst werden sie nicht mehr blau.

Forelle in Rahm

Für 4 Personen

4 kleine Forellen, küchenfertig
Salz und Pfeffer
2 EL Mehl, plus etwas mehr zum Bestäuben
3 EL Butter
1 Zwiebel, sehr fein gehackt
200 g Schlagsahne
2 EL Zitronensaft
2 EL Fischfond
Kartoffelpuffer (s. S. 54) oder frisch gekochte Pellkartoffeln, zum Servieren

1 Die Forellen waschen und trocken tupfen. Von innen und außen mit Salz und Pfeffer würzen und mit etwas Mehl bestäuben.

2 Die Butter in einer schweren Pfanne zerlassen und den Fisch von jeder Seite anbraten, bis er eine goldbraune Farbe angenommen hat. Aus der Pfanne heben, auf eine vorgewärmte Platte legen und warm stellen.

3 Die Zwiebel in die Pfanne geben und goldbraun anbraten. 2 Esslöffel Mehl einrühren und anschwitzen. Mit der Sahne ablöschen und kurz köcheln lassen, bis die Sauce etwas eingedickt ist. Zitronensaft und Fischfond zugießen und mit Salz und Pfeffer abschmecken. Kurz aufkochen lassen und vom Herd nehmen.

4 Die Forellen auf Tellern anrichten und mit der Sauce übergießen. Mit Kartoffelpuffern oder Pellkartoffeln servieren.

Hecht in Rahmsauce

Für 4 Personen

2 EL Butter
1 Zwiebel, fein gehackt
1 EL fein gehackte frische Petersilie
800 g Hechtfilet, in große Stücke geschnitten
150 ml Fischfond
1 Lorbeerblatt
2 TL Sardellenpaste
1 EL abgeriebene Zitronenschale

Rahmsauce
2 EL Butter
3 EL Mehl
300 g Schlagsahne
Salz
frisch geriebene Muskatnuss, zum Abschmecken
1 Eigelb
2 EL Weißwein

1 Die Butter in einer Pfanne bei mittlerer Hitze zerlassen und Zwiebel und Petersilie darin andünsten. Fischstücke, Fischfond und Lorbeerblatt zugeben. 10 bis 15 Minuten köcheln lassen, bis die Fischstücke gar, aber noch fest sind. Die Filetstücke in eine Auflaufform geben. Den Sud durch ein Sieb passieren und beiseitestellen. Die Würzzutaten wegwerfen.

2 Den Backofen auf 180°C vorheizen. Für die Sauce die Butter in einem Topf zerlassen, das Mehl zugeben und anschwitzen. Mit der Sahne ablöschen und etwas andicken lassen. Nach und nach den Fischsud zugießen und verrühren. Mit Salz und Muskatnuss abschmecken und beiseitestellen.

3 Die Fischstücke mit der Sardellenpaste bestreichen und die Zitronenschale darüber verteilen. Mit etwa zwei Drittel der Sauce übergießen und 30 Minuten im Ofen backen.

4 Kurz vor Ende der Garzeit das Eigelb mit dem Weißwein verquirlen. Die restliche Sauce erwärmen und die Eigelbmischung unterrühren. (Darauf achten, dass die Sauce nicht kocht, sonst gerinnt sie.) Den Hecht mit der Sauce servieren.

Gefüllter Hecht

Für 4 Personen

1 Hecht, geschuppt und ausgenommen
Salz und Pfeffer
1 EL Zitronensaft
50 g Speck, in dünne Streifen geschnitten
150 ml Fischfond
2 EL Butter, zerlassen
80 g saure Sahne
Zitronenviertel, zum Garnieren

Füllung
250 g Fischfilet
1 Brötchen vom Vortag, eingeweicht und ausgedrückt
1 EL Butter
1 Zwiebel, fein gehackt
5–6 Champignons, in dünne Scheiben geschnitten
etwas Tomatenmark
50 g Schlagsahne
1 EL fein gehackter frischer Dill
1 EL frische Schnittlauchröllchen
1 EL fein gehackte frische Petersilie
2 EL Semmelbrösel
Salz und Pfeffer

1 Den Fisch waschen, trocken tupfen, von innen und außen mit Salz und Pfeffer würzen und mit dem Zitronensaft beträufeln.

2 Für die Füllung das Fischfilet mit dem Brötchen in eine Schüssel geben und mit dem Pürierstab grob zerkleinern. Die Butter in einer Pfanne zerlassen und die Zwiebel darin andünsten. Die Champignons zugeben und mitdünsten. Tomatenmark, Schlagsahne, Dill, Schnittlauch, Petersilie und Semmelbrösel zufügen und alles gut vermengen. Mit Salz und Pfeffer abschmecken.

3 Den Backofen auf 200°C vorheizen. Die Füllung in den Fischbauch geben und die Öffnung mit kleinen Holzspießen zustecken. Den Fisch in eine Auflaufform legen und die Speckstreifen darauf verteilen. Den Fischfond in die Form gießen und den Fisch mit der zerlassenen Butter beträufeln.

4 Den Fisch etwa 45 Minuten im Ofen backen, dabei immer wieder mit etwas Fischfond aus der Form übergießen.

5 Den Fisch auf einer Platte anrichten. Die Flüssigkeit aus der Form in einen Topf gießen und bei mittlerer Hitze und unter Rühren die saure Sahne einrühren. Den Fisch mit Zitronenvierteln garnieren und mit der Sauce servieren.

Muscheln rheinische Art

Für 4 Personen

3 kg Miesmuscheln
3 EL Butter
2 Karotten, grob gehackt
2 Zwiebeln, in Ringe geschnitten
1 Porreestange, in Ringe geschnitten
1 Knoblauchzehe, zerdrückt
500 ml trockener Weißwein
500 ml Fischfond
Salz und Pfeffer
1 Bund frische glatte Petersilie, fein gehackt
Schwarzbrot oder Roggenbrot, zum Servieren

1 Die Muscheln unter fließend kaltem Wasser abbürsten und die Bärte vollständig entfernen. Bereits geöffnete Muscheln unbedingt wegwerfen, da sie nicht mehr leben und unbrauchbar sind.

2 Die Butter in einem Topf zerlassen und Karotten, Zwiebeln, Porree und Knoblauch darin andünsten. Mit Wein und Fischfond ablöschen und aufkochen lassen. Mit Salz und Pfeffer würzen und die Hälfte der Petersilie zum Sud geben. Die Muscheln in den Topf geben und diesen abdecken. Nach etwa 7 bis 8 Minuten öffnen sich die Muscheln. Muscheln, die sich nicht geöffnet haben, wegwerfen.

3 Die Muscheln in tiefen Tellern anrichten und mit dem Sud übergießen. Mit der restlichen Petersilie bestreuen und mit Schwarzbrot oder Roggenbrot servieren.

Flusskrebs in Dillsauce

Für 2 Personen

80 g Butter
1 kleine Zwiebel, sehr fein gehackt
1 EL frisch gehackte Petersilie
20 rohe Flusskrebsschwänze
125 ml trockener Weißwein
1 EL Mehl
Salz und Pfeffer
1 EL fein gehackter frischer Dill
frisches Weißbrot, zum Servieren

1 Die Hälfte der Butter in einer großen Pfanne bei mittlerer Hitze zerlassen. Zwiebel und Petersilie zugeben und 3 Minuten weich dünsten. Die Flusskrebsschwänze zufügen und kurz mitdünsten. Mit dem Wein ablöschen und nach Bedarf noch etwas Wasser zugeben, sodass alles bedeckt ist. 10 Minuten köcheln lassen, dann die Flusskrebsschwänze herausnehmen und abkühlen lassen. Die Krebse schälen, am Rücken einschneiden und den Darm entfernen.

2 Den Sud durch ein Sieb abgießen und 300 Milliliter davon aufbewahren. Die restliche Butter in einer Pfanne erhitzen, das Mehl zugeben und anschwitzen. Nach und nach den Sud zugießen und bei geringer Hitze köcheln lassen, bis die Sauce andickt.

3 Die Sauce mit Salz und Pfeffer abschmecken und den Dill einrühren. Die Krebsschwänze zugeben und nochmals erhitzen. In Schüsseln anrichten und mit Weißbrot servieren.

Schon gewusst?
Flusskrebse sind die Süßwasserverwandten des Hummers. Ihr Fleisch hat ein ähnlich süßliches Aroma und eignet sich insofern als günstigerer Ersatz für alle Gerichte mit Hummerfleisch.

Gemüse & Beilagen

Kartoffelklöße

Für 8 Personen

500 g mehligkochende Kartoffeln, gekocht und leicht abgekühlt
150 g Mehl, plus etwas mehr zum Bestäuben
2 Eier
Salz
frisch geriebene Muskatnuss (nach Belieben)

1 Die gekochten Kartoffeln pellen und durch eine Kartoffelpresse drücken. (Alternativ mit einem Kartoffelstampfer bearbeiten.) In einer großen Schüssel die gestampften Kartoffeln, Mehl, Eier, Salz und nach Belieben Muskatnuss vermengen, bis ein glatter Teig entsteht.

2 Den Teig auf eine bemehlte Arbeitsfläche geben und mit bemehlten Händen daraus eine Rolle formen. Die Teigrolle in gleich große Stücke schneiden und mit leicht angefeuchteten Händen Kartoffelklöße formen.

3 Salzwasser in einem großen Topf zum Kochen bringen. Die Knödel schnell hintereinander in das Wasser geben und sofort die Hitze auf mittlere Stufe reduzieren. (Die Knödel dürfen nur ziehen, da sie sonst zerfallen.) Nach etwa 10 Minuten sind die ersten Knödel gar und steigen an die Wasseroberfläche. Die Knödel mit einem Schaumlöffel aus dem Wasser heben, kurz abtropfen lassen und servieren.

Mein Tipp:
Als etwas deftigere Variante kochte meine Oma „Kartoffelklöße halb und halb", für die sie gekochte mit rohen, fein geriebenen Kartoffeln zu gleichen Teilen vermischte – allerdings müssen die Klöße dann etwa 20 Minuten garen!

Warmer Kartoffelsalat

Für 4 Personen

1 kg neue kleine Kartoffeln
90 ml Weißweinessig
125 ml heiße Fleischbrühe
1 Zwiebel, fein gehackt
2 EL Pflanzenöl
125 g durchwachsener Speck, in feine Würfel geschnitten
Salz und Pfeffer
1 Msp. Zucker
100 g saure Sahne
½ Bund frische Petersilie, fein gehackt
½ Bund frischer Dill, fein gehackt
½ Bund frischer Schnittlauch, fein gehackt

1 Die Kartoffeln abbürsten, in einen großen Topf geben und mit Wasser bedecken. Das Wasser zum Kochen bringen und die Kartoffeln in etwa 20 Minuten gar kochen. Abgießen, kurz mit kaltem Wasser abschrecken und abtropfen lassen. In eine Schüssel geben. Essig, Fleischbrühe und Zwiebel zufügen und gut vermengen.

2 Das Öl in einer Pfanne erhitzen und den Speck darin goldgelb braten. Mit Salz, Pfeffer und Zucker würzen. Saure Sahne, Petersilie, Dill und Schnittlauch zugeben und kurz mit erhitzen. Die heiße Sauce über die Kartoffeln gießen und vorsichtig vermengen. Erneut mit Salz und Pfeffer abschmecken und den Salat vor dem Servieren 10 bis 15 Minuten ziehen lassen.

Rosenkohl mit Maronen

Für 4 Personen

400 g Maronen
Salz
600 g Rosenkohl
75 g Gänseschmalz
1 EL fein gehackter frischer Thymian

1 Die Maronen mit einem Messer am spitz zulaufenden Ende ringsum einschneiden. In einem Topf Salzwasser zum Kochen bringen. Die Maronen in den Topf geben und 15 Minuten garen. Abgießen und abtropfen lassen. So heiß wie möglich aus der Schale brechen, dabei auch die braune Haut entfernen.

2 Den Rosenkohl putzen und waschen. Einen Topf mit Salzwasser füllen, Rosenkohl und Maronen zugeben und etwa 15 Minuten kochen. Abgießen und abtropfen lassen.

3 Das Gänseschmalz in einer Pfanne erhitzen. Rosenkohl, Maronen und Thymian zufügen und ein paar Minuten andünsten. In einer Schüssel anrichten und servieren.

Spargel klassisch

Für 4 Personen

500 g neue Kartoffeln
1 kg weißer Spargel
1 EL Salz
1 EL Zucker
4 Scheiben gekochter Schinken
Sauce hollandaise (s. S. 73)

1 Die Kartoffeln in einen Topf geben, mit Wasser bedecken, aufkochen und 20 Minuten garen.

2 Die holzigen Enden vom Spargel entfernen und die Stiele schälen. Jeweils 6 Spargelstangen mit Küchengarn zu einem Päckchen binden.

3 In einem großen Topf reichlich Wasser erhitzen, Salz und Zucker zugeben. Den Spargel zufügen und etwa 10 Minuten köcheln lassen, bis er gar, aber noch nicht zu weich ist.

4 In der Zwischenzeit die Sauce hollandaise zubereiten und warm halten (s. S. 73).

5 Das Garn von den Spargelpäckchen entfernen und jedes Päckchen in eine Scheibe Schinken einrollen. Jeweils eine Portion Spargel und ein paar Kartoffeln auf einen Teller geben, mit Sauce hollandaise übergießen und servieren.

Schon gewusst?
Spargel besteht zu 93% aus Wasser und hat somit kaum Kalorien. Trotzdem enthält er viele Mineralstoffe wie Kalium, Kalzium und Phosphor. Der hohe Stickstoffgehalt regt die Nierentätigkeit an und führt zur bekannten harntreibenden Wirkung des Spargels.

Himmel un Ääd

Für 6 Personen

1 kg mehlig kochende Kartoffeln
250 ml Milch
50 g Butter
Salz
frisch geriebene Muskatnuss (nach Belieben)
6 Äpfel (z. B. Boskop)
4 EL Zucker
Saft von 1 Zitrone
1 TL Butterschmalz
6 Scheiben Schinkenspeck, klein geschnitten, oder wahlweise Blutwurst, von der Pelle befreit
2 EL Mehl

1 Die Kartoffeln schälen, in einen Topf geben und mit Wasser bedecken. Das Wasser zum Kochen bringen und die Kartoffeln in etwa 20 Minuten gar kochen. Abgießen, abtropfen lassen und mit einem Kartoffelstampfer zerstampfen. Die Milch in einem Topf erhitzen, Butter, etwas Salz und nach Belieben geriebene Muskatnuss zugeben. Die Milchmischung zu den gestampften Kartoffeln geben und alles kräftig mit dem Schneebesen durchrühren.

2 Die Äpfel schälen, entkernen und vierteln. Mit Zucker und Zitronensaft würzen und in einen Topf geben. Ganz wenig Wasser zugießen, aufkochen lassen und die Apfelstücke gar kochen. Die Äpfel mit dem Kartoffelstampfer zerstampfen und unter das Kartoffelpüree rühren.

3 Das Butterschmalz in einer Pfanne zerlassen. Den Schinkenspeck oder die Blutwurst leicht im Mehl wenden und im Schmalz knusprig braten.

4 Himmel un Ääd auf Teller verteilen, den Speck oder die Blutwurst darauf anrichten und servieren.

Schon gewusst?
Der Name dieses rheinisch-westfälischen Gerichts – hochdeutsch „Himmel und Erde" – stammt von den beiden Hauptbestandteilen: der Kartoffel aus der Erde und dem Apfel vom Himmel …

Äpfelrotkohl

Für 4 Personen

1 Rotkohl (1 kg)
250 g säuerliche Äpfel (z. B. Boskop)
Salz
100 ml Rotweinessig
50 g Butter
3 Zwiebeln, fein gehackt
25 g Zucker
200 ml trockener Rotwein
125 ml Gemüsebrühe
2 Gewürznelken
1 Lorbeerblatt
Pfeffer
frisch gehackter Dill, zum Servieren

1 Die äußeren Blätter und den Strunk vom Rotkohl entfernen. Den Kohl mit einem Krauthobel in feine Streifen schneiden. Die Äpfel schälen, entkernen, in kleine Würfel schneiden und beiseitestellen.

2 Den Rotkohl in eine Schüssel geben und mit Salz bestreuen. Den Rotweinessig zugießen und gut vermengen. Die Schüssel abdecken und den Kohl 2 Stunden lang ziehen lassen.

3 Die Butter in einem Topf zerlassen. Zwiebeln und Äpfel darin glasig dünsten. Den Zucker zugeben und alles leicht karamellisieren.

4 Den Rotkohl mit der Flüssigkeit zufügen und kurz mit andünsten.

5 Rotwein, Brühe, Nelken und Lorbeer zufügen und gut verrühren. Den Topf abdecken und alles etwa 30 Minuten garen.

6 Mit Salz und Pfeffer abschmecken. Nelken und Lorbeerblatt entfernen und den Rotkohl in einer Schüssel anrichten. Zum Servieren nach Belieben mit Dill bestreuen.

Schnittarten für Gemüse

Bâtonnets: Breite Streifen, etwa 1 cm breit und 5 cm lang – aber dünn geschnitten –, sind als Einlage für Saucen oder auch zum Mitdünsten bei Fischgerichten gedacht.

Julienne: Feine Gemüsestreifen mit etwa 1 mm Kantenbreite und 5 bis 7 cm Länge eignen sich für Kartoffelgerichte, zum Mitdünsten bei Fisch oder als Einlage für Suppen und Saucen.

Brunoise: Feine, etwa 1 mm große Würfelchen dienen für Salatsaucen, als Einlage in Fischsaucen, für Gerichte mit Bohnen, Linsen und Ragouts oder können zusammen mit ganzem Gemüse geschmort werden.

Kleine Würfel mit etwa ½ cm Kantenlänge eignen sich als Einlagen für Suppen und Eintöpfe oder als Saucenansätze und garen in etwa 15 Minuten.

Mittelgroße Würfel mit etwa 1 cm Kantenlänge bieten sich für Saucenansätze an, die nicht zu lange gekocht werden. Ratatouille kann ebenso in dieser Größe geschnitten werden wie rustikale Eintöpfe und Suppen.

Grobe Würfel mit 2 bis 3 cm Kantenlänge werden zusammen mit Braten und Ragouts geschmort oder als Röstgemüse zu braunen Saucen gegeben oder kurzgebratenem Fleisch serviert.

Suppengemüse ist Gemüse, das nur geviertelt oder gedrittelt wird. Gibt man es zu Suppen oder Fonds, die lange garen müssen, verkocht das Gemüse nicht so schnell.

Mirepoix: Röstgemüsemischung aus 1–2 cm großen Würfeln, bestehend aus Knoblauchzehen mitsamt der Schale, Zwiebeln und/oder Schalotten sowie Wurzelgemüse: Karotten, Sellerie oder Petersilienwurzel. Sie dient als Fleisch- oder Geflügelsaucenansatz, für Gemüsebrühe oder zum Marinieren von Wildfleisch.

Leipziger Allerlei

Für 6 Personen

100 g Butter
250 g Champignons, in Scheiben geschnitten
½ TL Zitronensaft
3 kleine Karotten, in Stifte geschnitten
2 Kohlrabi, in Stifte geschnitten
200 g frische Erbsen, gepalt
1 kleiner Blumenkohl, in Röschen zerteilt
4 EL Mehl
Salz und weißer Pfeffer
4 EL frisch gehackte Petersilie
30 g Krebsbutter

1 In einer Pfanne 1 Esslöffel Butter zerlassen und die Pilze darin 3 bis 4 Minuten andünsten. Zitronensaft zugießen und beiseitestellen.

2 Karotten, Kohlrabi, Erbsen und Blumenkohl in separaten Töpfen bissfest kochen. Das Gemüse abgießen, dabei das Kochwasser auffangen.

3 Die restliche Butter in einem großen Topf zerlassen, das Mehl darin anschwitzen. Dann langsam ½ Liter des Gemüsekochwassers zugießen und dabei ständig rühren, bis nach 5 Minuten eine glatte Sauce entsteht. Falls nötig, mehr Kochwasser zugießen. Mit Salz und Pfeffer abschmecken und die Petersilie unterrühren. Das Gemüse mit den Pilzen unterheben und kurz erhitzen. Die Krebsbutter zerlassen und über das Gemüse träufeln. Sofort servieren.

Spätzle

Für 4 Personen

500 g Mehl
5 Eier
150–200 ml Wasser
1 TL Salz
2 EL Semmelbrösel, in 1 EL Butter geröstet, zum Servieren

1 Mehl, Eier, Wasser und Salz in eine Schüssel geben und vermengen. So lange schlagen, bis der Teig Blasen wirft. Die Schüssel abdecken und den Teig 30 Minuten ruhen lassen.

2 In einem großen Topf Salzwasser aufkochen. Jeweils etwas Teig auf ein Brettchen geben und mit einem Spätzleschaber oder einem kleinen scharfen Messer rasch kleine Stücke vom Teig direkt in das kochende Wasser schaben. Sobald die Spätzle an die Wasseroberfläche steigen, sind sie gar.

3 Die Spätzle mit einem Schaumlöffel herausnehmen und abtropfen lassen. Mit den gerösteten Semmelbröseln bestreuen und servieren.

Sauerkraut

Für 4 Personen

50 g Gänseschmalz
1 Zwiebel, fein gehackt
100 g durchwachsener Speck, gehackt
1 Apfel, geschält, entkernt und klein geschnitten
100 ml Riesling
500 g Sauerkraut
1 TL Kümmelsamen
1 Lorbeerblatt
1 große Kartoffel, gerieben
2 Nelken
Salz und Pfeffer
1 Prise Zucker

1 Das Gänseschmalz in einem Topf zerlassen. Zwiebel, Speck und Apfel zugeben und glasig dünsten. Mit dem Riesling ablöschen. Das Sauerkraut mit einer Gabel etwas auflockern und zugeben. Kümmel, Lorbeerblatt, Kartoffeln und Nelken zufügen, den Topf abdecken und alles etwa 1 Stunde bei geringer Hitze köcheln lassen.

2 Das Lorbeerblatt entfernen. Mit Salz, Pfeffer und Zucker abschmecken und servieren.

Meine Großmutter stellte das supergesunde saure Kraut selber her: Sie hobelte den Weißkohl schichtweise in einen hohen Steinguttopf, gab auf jede Schicht Preiselbeeren und reichlich Salz hinzu und verstampfte es mehrmals kräftig mit dem Krautstampfer. Gut abgedeckt, mit einem Stein beschwert und wiederholt durchgestampft gärte das Kraut 4 bis 6 Wochen im dunklen, kühlen Keller.

Rote Bete-Püree

Für 6 Personen

1 kg Rote Bete
1 TL Pflanzenöl
120 g Speck, gewürfelt
2 TL geriebener Meerrettich
125 g Crème fraîche

1 Die Rote Bete gut säubern, in einen Topf geben und mit Wasser bedecken. Das Wasser aufkochen lassen und die Rote Bete 30 Minuten kochen. Abgießen, abtropfen und etwas abkühlen lassen.

2 Die Rote Bete schälen und in einer Küchenmaschine fein pürieren.

3 Das Öl in einer Pfanne erhitzen und den Speck darin scharf anbraten. Pürierte Rote Bete, Meerrettich und Crème fraîche zufügen und verrühren. Unter Rühren etwas erwärmen, in eine Schüssel geben und servieren.

Rote Bete süßsauer

Ergibt ca. 2,5 kg

1 kg Rote Bete, geschält und fein gewürfelt
250 g Zwiebeln, fein gewürfelt
500 g Kochäpfel (Boskop oder eine andere pektinreiche Sorte), geschält, Kerngehäuse entfernt und fein gewürfelt
abgeriebene Schale und Saft von 2 großen ungespritzten Orangen aus biologischem Anbau, gründlich abgebürstet
700 ml Essig
250 ml Wasser
500 g Zucker
150 g Korinthen

1 Rote Bete mit Zwiebeln, Äpfeln, Orangenschale und -saft in einen großen Topf geben. Essig und Wasser zugießen und das Ganze aufkochen. Die Hitze reduzieren und 15 Minuten köcheln.

2 Den Zucker zufügen und unter ständigem Rühren erhitzen, bis er sich vollständig aufgelöst hat, dann die Korinthen einrühren. Weitere 30 Minuten köcheln, bis die Rote Bete weich ist.

3 Leicht abkühlen lassen, dann in warme sterilisierte Gläser füllen und mit Pergamentpapier abdecken. Nach dem Abkühlen mit Zellophan oder Glasdeckeln verschließen, beschriften und kühl aufbewahren.

Mein Tipp:
Die Korinthen kann man durch Kirschen aus dem Glas oder — ganz süß — gehackte Cocktailkirschen ersetzen.

Dicke Bohnen mit Speck

Für 4 Personen

20 g Butterschmalz
½ Zwiebel, fein gehackt
1 großes Glas dicke Bohnen (400 g)
4 Scheiben Bauchspeck
1 Zweig frisches Bohnenkraut
1 EL Butter
1 EL Mehl
Salz und Pfeffer

1 Das Butterschmalz in einem Topf zerlassen und die Zwiebel darin glasig dünsten. Die dicken Bohnen aus dem Glas samt Flüssigkeit zugeben. Den Bauchspeck darauflegen. Den Topf abdecken und bei geringer Hitze (damit die Bohnen nicht platzen) 40 Minuten garen. 10 Minuten vor Ende der Garzeit das Bohnenkraut zufügen.

2 Die Bohnen abgießen und die Brühe dabei auffangen. Den Bauchspeck auf einen Teller legen und beiseitestellen.

3 Die Butter in einem Topf zerlassen, das Mehl zugeben und anschwitzen. Die aufgefangene Brühe zugießen. Die Bohnen zugeben, verrühren und mit Salz und Pfeffer abschmecken. Wenn die Sauce zu dickflüssig ist, etwas Wasser zugeben. Die Bohnen in Schüsseln oder tiefen Tellern anrichten, eine Scheibe Speck darüberlegen und servieren.

Schon gewusst?
Dicke Bohnen – auch Saubohnen genannt – enthalten die Aminosäure Levodopa, die die Bildung des Botenstoffs Dopamin im Gehirn unterstützt, und der seinerseits im Volksmund als Glückshormon bezeichnet wird.

Weltweit gibt es rund 3000 Kartoffelsorten. Größe, Form, Geschmack und Kocheigenschaften sind sortentypisch. Klassifiziert werden die Kartoffeln nach ihrem Reifezeitpunkt (sehr früh, früh, mittelfrüh, mittelspät bis spät) und ihrer Kocheigenschaft: festkochende, vorwiegend festkochende und mehligkochende Kartoffeln.

Schnittarten für Kartoffeln

Dünne Kartoffelscheiben verarbeitet man zu Kartoffelgratin oder Bäckerinkartoffeln. Diese werden wie Kartoffelgratin in eine feuerfeste Form geschichtet, mit angeschwitzten Zwiebelscheiben belegt und mit Brühe angegossen. Auch die Garung erfolgt wie beim Kartoffelgratin.

Tournierte Kartoffeln sind Kartoffeln, die in eine bestimmte Form geschnitten (tourniert) wurden. So erhalten sie eine gleichmäßige Größe und können zu Petersilienkartoffeln oder Schmorkartoffeln verarbeitet werden.

Soufflé-Kartoffeln sind etwa 1 mm dünne Kartoffelscheiben, die zu Chips verarbeitet werden. Frittiert man sie erst in 140 °C heißem Fett und dann noch einmal bei 180 °C, gehen sie wie ein Soufflé auf. Diesem Umstand verdanken sie ihren Namen. Soufflé-Kartoffeln passen gut zu gebratenem Fleisch und Geflügel.

Streichholzkartoffeln: ihr Name verweist auf ihre Form und Größe. Sie werden wie Pommes frites zubereitet und können gut als knusprige Zutat über Salate gegeben werden. Früher waren Streichholzkartoffeln eine klassische Beilage zum Pariser Pfeffersteak; sie lassen sich allerdings schlecht mit der Gabel essen!

Pommes frites sind etwa 6 cm lang und haben rund ½ cm Kantenlänge. So sieht die klassische „Fritte“ aus. Um sie schön gleichmäßig zu bekommen, verwendet man am besten einen Pommes frites-Schneider.

Pariser Kartoffeln sind klein und rund und werden mit einem speziellen Ausstecher geformt. Sie werden gekocht und zu Salzkartoffeln verarbeitet oder in einer Pfanne unter ständigem Schwenken goldgelb gebraten.

Strohkartoffeln sind noch feiner als Streichholzkartoffeln. Sie werden wie Pommes frites goldgelb gebacken und meistens zum Garnieren über große Braten oder andere Fleischstücke gegeben. Versuchen Sie sie auch einmal zusammen mit Karotten, Sellerie oder Lauch!

Brückenpfeiler-Kartoffeln sind etwa 8 cm lang und haben rund 2 cm Kantenlänge. Zunächst 2 Minuten in Salzwasser garen, dann kalt abschrecken und auf ein Blech geben. Mit Butterschmalz bestreichen und 20 Minuten im Ofen gleichmäßig backen. Kurz vor Ende der Garzeit mit etwas Kalbssauce bestreichen.

Rote Bete mit Dill & saurer Sahne

Für 4 Personen

1 kg Rote Bete
1 TL Salz
125 g Butter
1 kleine Zwiebel, fein gehackt
1 EL frisch gehackte Petersilie
1 EL frisch gehackter Dill, plus etwas mehr zum Garnieren
2 EL Mehl
200 ml Gemüsebrühe
1 EL Weißweinessig
150 g saure Sahne

1 Die Rote Bete gut säubern, in einen Topf geben und mit Wasser bedecken. Das Salz zugeben und das Wasser zum Kochen bringen. Sobald die Rote Bete gar sind, abgießen, abtropfen und etwas abkühlen lassen. Anschließend die Rote Bete schälen und in dicke Scheiben schneiden.

2 Die Butter in einer großen Pfanne zerlassen. Zwiebel, Petersilie und Dill zufügen und bei geringer Hitze unter Rühren andünsten. Das Mehl zugeben, dabei ständig rühren. Die Gemüsebrühe langsam unter ständigem Rühren zugießen und so lange köcheln lassen, bis die Sauce eindickt. Den Weißweinessig zugeben und verrühren.

3 Die Rote Bete zur Sauce geben, die Pfanne abdecken und 10 Minuten ziehen lassen. Bei Bedarf etwas Wasser zufügen. Kurz vor dem Servieren die saure Sahne unterrühren. In einer Schüssel anrichten, mit Dill garnieren und servieren.

Mein Tipp:
Zum Garen die Blätter bis auf 5 cm vom Stielansatz kürzen. Auch die Wurzel und die Schale sollten dranbleiben, sonst „bluten“ die Rüben aus. Und: Gekochte Rote Bete hält sich in einem luftdichten Behälter einige Tage im Kühlschrank.

Birnen, Bohnen & Speck

Für 4 Personen

1 EL Butter
4 dicke Scheiben durchwachsener Speck, in Würfel geschnitten
½ Zwiebel, fein gehackt
400 g getrocknete weiße Bohnen, über Nacht in Wasser eingeweicht
2 Birnen, geschält, entkernt und in große Würfel geschnitten
2 Zweige frisches Bohnenkraut
Salz und Pfeffer
Brot, zum Servieren

1 Die Butter in einem Topf zerlassen. Speck und Zwiebel darin bei geringer Hitze anbraten. Die Bohnen abtropfen lassen und mit den Birnen und dem Bohnenkraut in den Topf geben. Etwa 750 ml Wasser zugießen und zum Kochen bringen. 1 bis 1½ Stunden bei geringer Hitze kochen, bis die Bohnen gar sind.

2 Mit Salz und Pfeffer abschmecken und mit Brot servieren.

> *Wenn es draußen kalt wurde, so richtig eisig, dann war es früher immer schön, in die warme Küche meiner Oma zu kommen: Auf dem Herd stand ein großer Topf mit Bohneneintopf, es roch nach gebratenem Speck und süßen Birnen, lecker!*

Grünkohl mit Pinkel

Für 4 Personen

1 EL Schweineschmalz
2 große Zwiebeln, fein gehackt
150 g geräucherter Speck, in Würfel geschnitten
1 Lorbeerblatt
1 kg Grünkohl
500 ml Fleischbrühe
8 Pinkelwürste (ersatzweise Kochmettwürste)
Salz und Pfeffer
frisch geriebene Muskatnuss
Salzkartoffeln, zum Servieren

1 Das Schweineschmalz in einem großen Topf zerlassen. Zwiebeln und Speck zugeben und andünsten. Dann Lorbeerblatt und Grünkohl zugeben und mit andünsten. Mit der Fleischbrühe ablöschen. Die Hitze auf geringste Stufe reduzieren, den Topf abdecken und alles etwa 1 Stunde garen.

2 Die Pinkelwürste zugeben und eine weitere Stunde bei geringer Hitze unter gelegentlichem Rühren köcheln lassen. Eventuell etwas Wasser zugießen, damit der Grünkohl nicht anbrennt. Den Pinkel herausnehmen. Den Grünkohl mit Salz, Pfeffer und geriebener Muskatnuss abschmecken. In einer Servierschale anrichten, den Pinkel darauflegen, die Salzkartoffeln hinzugeben und sofort servieren.

Schon gewusst?
Grünkohl ist das wertvollste aller Wintergemüse: Er enthält die Vitamine C und E sowie einen hohen Anteil an Betacarotin, Eisen und Kalzium. Dank seines Reichtums an Antioxidans Quercentin gilt er als „Allergien-Linderer“ und „Cholesterin-Senker“.

Karotten rheinische Art

Für 4 Personen

300 ml Wasser
400 g Karotten, in Scheiben geschnitten
1 TL Zucker
2 EL Butter
1 große Zwiebel, fein gehackt
2 Kochäpfel, geschält, entkernt und in dünne Scheiben geschnitten
Salz und Pfeffer
frisch geriebene Muskatnuss, zum Abschmecken
Zitronensaft, zum Abschmecken

1 Das Wasser in einen Topf geben und zum Kochen bringen. Karotten und Zucker zugeben und bei geringer Hitze 8 Minuten köcheln lassen. Die Karotten abgießen und den Sud auffangen.

2 Die Butter in einer großen Pfanne zerlassen. Die Zwiebel zugeben und goldbraun dünsten. Die Apfelstücke zugeben und 5 Minuten mit andüsten. Karotten und Sud zufügen, den Topf abdecken und so lange köcheln, bis die Äpfel weich sind. Mit Salz, Pfeffer, geriebener Muskatnuss und Zitronensaft abschmecken. In einer Schüssel anrichten und servieren.

Erbsenpüree

Für 4 Personen

500 g getrocknete gelbe Erbsen, über Nacht eingeweicht
50 g Butter
2 Zwiebeln, fein gehackt
100 g durchwachsener geräucherter Speck, in feine Würfel geschnitten
1 Prise getrockneter Majoran
Salz und Pfeffer
fein gehackte frische Petersilie, zum Garnieren

1 Die Erbsen mit dem Einweichwasser in einen Topf geben und aufkochen lassen. Die Hitze auf geringste Stufe reduzieren und etwa 1 Stunde lang köcheln lassen, bis die Erbsen weich sind.

2 Die Butter in einem Topf zerlassen. Zwiebeln und Speck zugeben und andünsten. Vom Herd nehmen.

3 Die Erbsen mit einem Pürierstab oder in einer Küchenmaschine pürieren. In eine Schüssel geben, Zwiebeln, Speck und Majoran zufügen und gut verrühren. Mit Salz und Pfeffer abschmecken, mit Petersilie garnieren und servieren.

Frankfurter Grüne Sauce

Für 4 Personen

300 g gemischte frische grüne Kräuter (Borretsch, Kerbel, Brunnenkresse, krause Petersilie, Sauerampfer, Schnittlauch, Pimpinelle), sehr fein gehackt
1 EL Weißweinessig
2 EL Pflanzenöl
500 g saure Sahne, Schmand, Crème fraîche oder Dickmilch (oder gemischt nach Belieben)
Salz und Pfeffer
2 hart gekochte Eier, sehr fein gehackt

1 Alle Zutaten außer den Eiern in eine Schüssel geben und vermengen. Die Schüssel abdecken, in den Kühlschrank stellen und mindestens 1 Stunde ziehen lassen.

2 Die Eier unterrühren und mindestens noch einmal 15 Minuten ziehen lassen. Die Sauce passt sehr gut zu Pellkartoffeln.

Mein Tipp:
Wie meine Großmutter bereite ich dieses Gericht sehr gerne nach Ostern zu und verwerte dabei die übriggebliebenen Ostereier.

Kässpätzle

Für 4 Personen

50 g Butterschmalz
2 große Zwiebeln, in Ringe geschnitten
Butter, zum Einfetten
Spätzle (s. S. 163)
150 g Emmentaler, gerieben
Salz und Pfeffer
fein gehackter frischer Schnittlauch, zum Garnieren
grüner Salat, zum Servieren

1 Den Backofen auf 180°C vorheizen. Das Butterschmalz in einer Pfanne zerlassen und die Zwiebelringe darin goldbraun dünsten.

2 Eine Auflaufform einfetten. Die Spätzle abwechselnd mit den Zwiebelringen und dem Käse in die Form schichten. Dabei jede Lage mit ein wenig Salz und Pfeffer würzen. Die oberste Lage sollte aus Käse bestehen.

3 Etwa 15 Minuten backen, bis der Käse eine goldbraune Farbe angenommen hat. Mit dem Schnittlauch bestreuen und mit angemachtem grünem Salat servieren.

Meine Grundrezepte: Kalte Saucen

Mayonnaise

Ergibt 1 l

- 6 Eier
- 1 TL scharfer Senf
- 1½ TL Salz
- 800 ml Sonnenblumenöl
- Saft von ½ Zitrone
- 1 große Prise Cayennepfeffer

1 Die Eier trennen. Das Eigelb in eine Schüssel geben, das Eiweiß zur anderweitigen Verwendung im Kühlschrank kalt stellen.

2 Senf und Salz zum Eigelb geben und verrühren.

3 Die Hälfte des Sonnenblumenöls nach und nach hinzufügen und kräftig mit dem Schneebesen einrühren.

4 Dann den Saft einer halben Zitrone und eine Prise Cayennepfeffer beigeben. Nun das restliche Öl schnell einrühren, da schon genügend Bindung vorhanden ist.

Wichtig: Alle Zutaten müssen dieselbe Temperatur haben, das heißt Öl und Eier beide entweder aus dem Kühlschrank oder beide bei Zimmertemperatur verarbeiten.

Tatarsauce

Ergibt 400 g

- 2 Eier
- 1 Schalotte
- 1 Bund Schnittlauch
- 200 g Mayonnaise
- 1 TL scharfen Senf
- Saft von ½ Zitrone
- ½ EL Worcestersauce
- 1 Prise Salz
- 1 Prise Pfeffer

Die Eier 10 Minuten lang hart kochen. Unter kaltem Wasser abschrecken und pellen. Schalotte schälen, halbieren und in feine Würfel schneiden. Schnittlauch waschen, verlesen und in feine Röllchen schneiden. Die hart gekochten Eier mit der feinsten Küchenreibe reiben. Die vorbereiteten Zutaten mit der Mayonnaise verrühren. Senf, Zitronensaft und Worcestersauce zugeben. Zum Schluss mit Salz und Pfeffer abschmecken.

Remouladensauce

Ergibt 400 g

- 3 Schalotten
- 3 kleine Gewürzgurken
- ½ Bund Petersilie
- ½ Bund Kerbel
- 3 Sardellenfilets
- 1 EL Kapern
- 200 g Mayonnaise
- 1 TL scharfen Senf
- ½ TL Worcestersauce
- 1 Prise Salz und Pfeffer

Schalotten schälen, halbieren und in feine Würfel schneiden. Gewürzgurken in dünne Scheiben und schließlich in feine Würfel schneiden. Petersilie und Kerbel waschen, verlesen und fein schneiden. Sardellenfilets und Kapern fein hacken. Alle Zutaten mit der Mayonnaise verrühren. Senf und Worcestersauce zugeben, verrühren und mit Salz und Pfeffer abschmecken.

Um die Sauce etwas leichter zu gestalten, kann man noch einen Esslöffel Sauerrahm untermischen.

Sauce Rouille

Ergibt 400 g

- 3 Knoblauchzehen
- 1 kleine, mehligkochende Kartoffel
- 1 EL natives Olivenöl extra leicht
- ½ g Safranfäden
- ½ TL Paprikapulver
- ½ TL Salz
- 200 ml kaltes Wasser
- 200 g Mayonnaise

Knoblauchzehen schälen und in Scheiben schneiden. Kartoffel schälen und in kleine Würfel schneiden. Alles zusammen in einem kleinen Topf mit Olivenöl anschwitzen. Safranfäden, Paprikapulver und Salz dazugeben. Mit kaltem Wasser aufgießen und 10 Minuten langsam köcheln lassen. Die Kartoffelwürfel mit einer Gabel fein zerdrücken und mit der Flüssigkeit verrühren. Auskühlen lassen und lauwarm mit der Mayonnaise vermischen.

Die Sauce Rouille ist wichtiger Bestandteil der Bouillabaise und schmeckt gut zu allen Fischgerichten.

Meine Grundrezepte: Kalte Saucen

Cocktailsauce

Ergibt 400 g

- 3 EL Tomatenketchup
- 2 TL geriebenen Meerrettich
- 3 EL Cognac
- Saft von ½ Orange
- 200 g Mayonnaise
- 1 Prise Salz
- 1 Prise Cayennepfeffer
- 3 Tropfen Worcestersauce

Tomatenketchup, geriebenen Meerrettich, Cognac und den Orangensaft zu der Mayonnaise geben und mit einem Schneebesen glatt rühren. Mit Salz, Cayennepfeffer und Worcestersauce abschmecken.

Eignet sich als Dressing für Krustentiersalate, als Dip zu kaltem oder gebackenem Gemüse und schmeckt besonders gut zu Fondue.

Dill-Senf-Sauce

Ergibt 400 g

- 1 Bund Dill
- 2 EL grober Senf
- 2 EL scharfer Senf
- 5 EL Honig
- 200 g Mayonnaise
- 1 Prise Salz
- 1 Prise schwarzer Pfeffer

Dill waschen, zupfen und fein schneiden. Zusammen mit dem groben und scharfen Senf sowie dem Honig zu der Mayonnaise geben und glatt verrühren. Mit Salz und schwarzem Pfeffer abschmecken.

Passt am besten zu mariniertem Fisch, beispielsweise Lachs, Heilbutt oder Forelle, kann aber auch zu frisch gekochten Krevetten oder Flusskrebsen serviert werden.

Preiselbeer-Meerrettich-Sauce

Ergibt 500 g

- 200 g Rahmjoghurt
- 1 Prise Salz
- 1 Prise weißer Pfeffer
- Saft von ½ Zitrone
- 1 EL Preiselbeermarmelade
- 150 g geriebenen Meerrettich
- 100 g geschlagene Sahne

Den Rahmjoghurt mit Salz, weißem Pfeffer und dem Zitronensaft mit einem Schneebesen glatt rühren. Die Preiselbeermarmelade sowie den geriebenen Meerrettich zugeben und unterrühren. Zum Schluss die geschlagene Sahne untermischen.

Diese Preiselbeer-Meerrettich-Sauce passt sehr gut zu gekochtem Fleisch, kaltem gebratenem Wild und zu kaltem Geflügel, wie Truthahn.

Kräuter-Joghurt-Sauce

Ergibt 600 g

- 1 Bund Kerbel
- ½ Bund Basilikum
- 1 Bund Petersilie
- 1 Bund Schnittlauch
- ½ Bund Estragon
- 2 Knoblauchzehen
- 250 g Joghurt
- 200 g Crème fraîche
- 1 TL Zucker
- 1½ TL Salz
- 1 Prise schwarzer Pfeffer
- 4 EL natives Olivenöl extra

Die Kräuter waschen und klein schneiden. Knoblauchzehen schälen und in feine Würfel schneiden. Joghurt und Crème fraîche in eine Schüssel geben, dann die vorbereiteten Kräuter und den Knoblauch hinzufügen. Zucker, Salz, schwarzen Pfeffer und Olivenöl beigeben und alles gut vermischen.

Bayerische Semmelknödel

Für 4 Personen

6 Brötchen vom Vortag
250 ml lauwarme Milch
20 g Butter
1 Zwiebel, fein gehackt
1 Knoblauchzehe, fein gehackt
½ Bund frische Petersilie, fein gehackt (nach Belieben)
3 Eier
Salz und Pfeffer
1 EL Mehl
Semmelbrösel (nach Bedarf)

1 Die Brötchen in dünne Scheiben schneiden, in eine große Schüssel geben und mit der Milch übergießen. Kurz einweichen lassen.

2 Die Butter in einer Pfanne zerlassen. Zwiebel und Knoblauchzehe zugeben und glasig dünsten. Vom Herd nehmen, nach Belieben Petersilie unterrühren und abkühlen lassen.

3 Eier, Salz und Pfeffer zu den Brötchen in die Schüssel geben und vermengen. Zwiebelmischung und Mehl zugeben und gut verkneten. Falls die Masse zu weich ist, Semmelbrösel unterkneten.

4 In einem Topf Salzwasser zum Kochen bringen. Mit feuchten Händen Knödel formen und vorsichtig in das kochende Wasser geben. Die Hitze reduzieren und die Knödel im nicht mehr kochenden Wasser 15 Minuten ziehen lassen. Sobald die Knödel an die Oberfläche steigen, sind sie gar. Dann die Knödel mit einem Schaumlöffel aus dem Wasser nehmen, abtropfen lassen und servieren.

Mein Tipp:
Übrig gebliebene Semmelknödel – sicherlich unwahrscheinlich, aber wenn, dann – am nächsten Tag in Scheiben geschnitten in einer Pfanne goldbraun braten … sehr köstlich!.

Maultaschen-Variation

1 Die Zutaten für den Teig in eine Schüssel geben und vermengen. Zu einem geschmeidigen Teig kneten, in eine Schüssel geben und 20 Minuten ruhen lassen.

2 Für die Füllung einen Topf mit Salzwasser füllen, zum Kochen bringen und den Spinat 3 Minuten darin garen. Abtropfen lassen und hacken. Die Brötchen gut ausdrücken, zerpflücken, in eine Schüssel geben und mit Hackfleisch, Zwiebel, Petersilie, Spinat und Eiern vermengen. Mit Salz und Pfeffer würzen.

3 Den Teig auf einer leicht bemehlten Arbeitsfläche etwa 3 Millimeter dick ausrollen und mit einem Glas Kreise ausstechen. Jeweils 1 Esslöffel der Füllung in die Mitte der Teigkreise setzen und diese zu Halbkreisen zusammenklappen. Dabei die Ränder gut zusammendrücken.

4 Die Fleischbrühe in einen Topf gießen und aufkochen. Die Maultaschen hineingeben und die Hitze reduzieren. Etwa 10 Minuten gar ziehen lassen. Sobald die Maultaschen an die Wasseroberfläche steigen, sind sie gar. Mit einem Schaumlöffel herausheben und auf Tellern anrichten. Etwas Fleischbrühe darübergießen, mit den Semmelbröseln bestreuen und servieren.

Für 4 Personen

1,5 l Fleischbrühe
2 EL Semmelbrösel, in 1 EL Butter geröstet, zum Servieren

Teig
400 g Mehl
½ TL Salz
4 Eier
50 ml lauwarmes Wasser
1 EL Öl

Füllung
400 g Blattspinat
1–2 Brötchen vom Vortag, in Wasser eingeweicht
200 g Hackfleisch, halb und halb
1 Zwiebel, fein gehackt
1 EL frisch gehackte Petersilie
2 Eier
½ TL Salz
1 Msp. weißer Pfeffer

Riesenschupfnudeln

Für 4 Personen

500 g Kartoffeln, gekocht (vom Vortag)
1 Ei
Salz
frisch geriebene Muskatnuss, zum Abschmecken
125 g Mehl
Butter, zum Anbraten (nach Belieben)
Salatblätter, zum Garnieren

1 Die Kartoffeln pellen und durch eine Kartoffelpresse drücken. Alternativ mit einem Kartoffelstampfer zerstampfen. In eine Schüssel geben und mit Ei, Salz und geriebener Muskatnuss vermengen. Nach und nach so viel Mehl unterkneten, dass ein glatter Teig entsteht.

2 Den Teig auf eine bemehlte Arbeitsfläche geben und daraus mit bemehlten Händen eine Rolle formen. Die Rolle in Stücke schneiden und diese zu fingerdicken langen Strängen formen.

3 In einem großen Topf Salzwasser zum Kochen bringen. Die Schupfnudeln schnell hintereinander in das kochende Wasser geben. Die Hitze auf mittlere Stufe reduzieren und etwa 5 Minuten ziehen lassen. Die Nudeln sind gar, sobald sie an die Wasseroberfläche steigen. Mit einem Schaumlöffel aus dem Wasser nehmen und abtropfen lassen. Nach Wunsch können die Schupfnudeln noch in etwas Butter angebraten werden. Auf Tellern anrichten und mit Salatblättern garnieren.

Mein Tipp:
Riesenschupfnudeln schmecken auch mit Pflaumenkompott sehr lecker: Halbierte Pflaumen in der Pfanne mit Butter, Zucker und Zimt anschmoren, Pflaumensaft hinzugeben und das ganze so lange köcheln lassen, bis die Sauce sämig geworden ist.

Desserts & Gebäck

Rote Grütze mit Vanillesauce

Für 4–6 Personen

500 g Himbeeren
400 g Kirschen
100 g Johannisbeeren
500 ml Wasser
1 Päckchen Vanillezucker
250 g Zucker
70 g Speisestärke

Vanillesauce (s. S. 208)

1 Die Früchte waschen, abtropfen lassen und halbieren. Wasser, Vanillezucker und Zucker in einen Topf geben und zum Kochen bringen. Die Früchte zufügen und etwa 15 Minuten bei mittlerer Hitze köcheln lassen.

2 Eine Schöpfkelle voll Grütze in eine Schüssel geben und mit der Speisestärke verrühren. Dann in den Topf zur restlichen Grütze geben, gut verrühren und nochmals aufkochen lassen. 4 bis 6 Dessertschalen mit kaltem Wasser ausspülen und die Grütze darauf verteilen. Abkühlen lassen.

3 In der Zwischenzeit die Vanillesauce in einer hitzebeständigen Schüssel zubereiten (s. S. 208).

4 Die fertige Sauce in eine andere Schüssel gießen, mit Frischhaltefolie abdecken und abkühlen lassen. Die Grütze mit der Vanillesauce servieren.

Bayerische Creme mit Erdbeeren

Für 4 Personen

6 Blatt weiße Gelatine
500 ml Milch
1 Vanillestange
4 Eigelb
100 g Zucker
200 g Schlagsahne, steif geschlagen
200 g Erdbeeren, geviertelt, plus 4 ganze Erdbeeren, zum Garnieren

1 Die Gelatine in eine kleine Schüssel geben, mit Wasser bedecken und 10 Minuten einweichen. Das Mark aus der Vanillestange kratzen. Die Milch mit Vanillemark und -stange in einen Topf geben und unter Rühren aufkochen lassen. Eigelb und Zucker in einer Schüssel dickschaumig aufschlagen. Die Vanillestange aus der heißen Milch entfernen und diese in dünnem Strahl und unter Rühren zu der Ei-Zucker-Masse gießen.

2 Die Gelatine gut ausdrücken und in die noch warme Creme rühren, bis sie sich ganz auflöst. Die Creme in den Kühlschrank stellen, alle 10 Minuten herausnehmen und gut umrühren.

3 Sobald die Creme abgekühlt ist und geliert, die Sahne locker darunterziehen. 4 Dessertschalen oder Gläser mit kaltem Wasser ausspülen und zur Hälfte mit Erdbeeren füllen. Die Creme darübergießen und für mindestens 4 Stunden oder aber über Nacht in den Kühlschrank stellen. Jeweils mit einer ganzen Erdbeere garnieren und servieren.

Schon gewusst?
Erdbeeren enthalten wesentlich mehr Vitamin C als Orangen, sind besonders kalorienarm und besitzen mit der Ferula- und Ellagsäure zwei sekundäre Pflanzenstoffe, die für ihre Krebs vorbeugende Wirkung bekannt sind.

Westfälische Quarkspeise

Für 4 Personen

500 g Quark
80 g Zucker
2 EL Vanillezucker
150 g Schlagsahne
100 g Pumpernickel, plus etwas mehr zum Garnieren
60 ml Rum
1 Glas Sauerkirschen
Johannisbeeren, zum Garnieren

1 Quark, Zucker, Vanillezucker und Sahne in eine Schüssel geben und verrühren.

2 Den Pumpernickel in einer Schüssel zerbröseln, den Rum zugießen, verrühren und etwas ziehen lassen.

3 Die Kirschen abtropfen lassen. Nach Belieben lagenweise Quarkmischung, Pumpernickel und Kirschen in einer großen Schüssel schichten oder alles miteinander verrühren und auf Schalen verteilen. Mit Johannisbeeren und Pumpernickelwürfeln garnieren.

Arme Ritter

Für 4 Personen

1 Ei
250 ml Milch
4 Scheiben Weißbrot vom Vortag
50 g Butter
Zucker, zum Bestreuen
Zimt, zum Bestreuen

1 Ei und Milch in eine Schüssel geben und verquirlen. Die Brotscheiben zufügen und gut einweichen lassen.

2 Die Butter in einer Pfanne zerlassen. Die Brotscheiben zugeben und goldbraun ausbacken. Sobald sie knusprig sind, auf Tellern anrichten. Noch heiß mit Zucker und Zimt bestreuen und nach Wunsch mit eingemachtem Obst servieren.

Schon gewusst?
Arme Ritter kannte man schon in der Römerzeit – auch als Gericht! In Deutschland taucht die Speise schriftlich erstmals in einem Kochbuch des 14. Jahrhunderts auf und wurde von den Brüdern Grimm im 19. Jahrhundert in das Deutsche Wörterbuch aufgenommen.

Grießpudding mit Apfelkompott

Für 4 Personen

2 Eier
500 ml Milch
1 Vanillestange
1 Prise Salz
50 g Zucker
abgeriebene Schale von einer ½ Zitrone
100 g Weizengrieß

Apfelkompott
175 g Zucker
450 ml Wasser
½ TL abgeriebene Zitronenschale
½ Zimtstange
8 Äpfel, geschält, entkernt und in dicke Scheiben geschnitten

1 Für das Apfelkompott, Zucker, Wasser, Zitronenschale und Zimtstange in einen Topf geben und aufkochen lassen. Einige Minuten köcheln lassen, bis ein dickflüssiger Sirup entsteht. Dann die Äpfel zufügen und noch einmal 5 bis 8 Minuten köcheln lassen. Die Zimtstange entfernen, den Topf vom Herd nehmen und abkühlen lassen.

2 Für den Grießpudding die Eier trennen und das Eiweiß steif schlagen. Das Eigelb mit 2 Esslöffeln Milch verrühren. Das Mark aus der Vanillestange kratzen. Milch, Salz, Zucker, Zitronenschale, Vanillemark und Vanillestange in einen Topf geben und aufkochen lassen. Die Zitronenschale entfernen.

3 Vom Herd nehmen, den Grieß unter Rühren einstreuen und etwa 8 Minuten quellen lassen. Dann das Eigelb zugeben und gut verrühren. Nun den Eischnee locker unter den heißen Pudding ziehen. Dessertschalen mit kaltem Wasser ausspülen und den Grießpudding darauf verteilen. Noch warm mit dem Apfelkompott servieren.

Bayerische Nussküchlein

Für 4 Personen

50 g Butter
25 g Puderzucker
25 g gemahlene Haselnüsse
50 g Löffelbiskuits, in Stücke gebrochen
50 g Zartbitterschokolade, gerieben
2 große Eier, getrennt
1 EL Weinbrand
1 EL Crème de Cacao
Butter, zum Einfetten

Orangen-Schokoladensauce
4 TL Wasser
25 g Zucker
Saft und abgeriebene Schale von 1 Orange
125 g Zartbitterschokolade, in Stücke gebrochen

1 Den Backofen auf 180°C vorheizen. Die Butter in einer großen Schüssel schaumig schlagen, nach und nach den Zucker zugeben und gut verrühren. Unter Rühren Haselnüsse, Biskuitbrösel und geriebene Schokolade zufügen. Dann Eigelb, Weinbrand und Crème de Cacao zugeben und alles gut vermengen.

2 Das Eiweiß steif schlagen und vorsichtig unter die Nussmischung heben. 4 ofenfeste Förmchen einfetten und die Nussmischung darauf verteilen.

3 Etwas heißes Wasser in eine Auflaufform gießen und die Förmchen hineinstellen. Die Auflaufform vorsichtig in den Ofen schieben und etwa 45 Minuten backen, bis die Küchlein gar sind.

4 Für die Sauce Wasser, Zucker, Orangensaft und -schale in einen kleinen Topf geben und zum Kochen bringen. Die Hitze reduzieren und weitere 3 Minuten köcheln lassen. Die Schokolade in eine hitzebeständige Schüssel geben und auf einen Topf mit heißem Wasser stellen. Im Wasserbad schmelzen, dann langsam und unter Rühren den Orangensirup zugießen.

5 Die Küchlein mithilfe eines Messers aus den Formen lösen und auf Teller stürzen. Mit der Sauce übergießen und noch warm servieren.

Kirschenmichel

Für 4–6 Personen

4 Brötchen vom Vortag
200 ml lauwarme Milch
2 EL Butter, in kleine Würfel geschnitten, plus etwas mehr zum Einfetten
2 Eier
50 g Zucker
2 TL Zimt
700 g Süßkirschen, entsteint, oder Sauerkirschen aus dem Glas, gut abgetropft
50 g gehackte Mandeln
1 Prise Salz
2 EL Puderzucker
steif geschlagene Schlagsahne, zum Servieren

1 Die Brötchen in dünne Scheiben schneiden, mit der Milch übergießen und gut einweichen.

2 Den Backofen auf 200°C vorheizen. Eine Auflaufform mit Butter einfetten. Die Eier trennen. Das Eigelb in einer Schüssel mit Zucker und Zimt verrühren. Kirschen und gehackte Mandeln zugeben und gut verrühren. Die Brötchenmasse zugeben und vermengen. Eiweiß und Salz steif schlagen und vorsichtig unter die Kirschmasse heben. Dann in die Aufflaufform gießen und gut verteilen.

3 Mit den Butterwürfeln belegen und auf der mittleren Schiene etwa 40 Minuten backen, bis die Oberfläche eine goldbraune Farbe angenommen hat. Mit dem Puderzucker bestreuen und mit Schlagsahne servieren.

Meine Grundrezepte: Süße Saucen

Vanillesauce

- 1 Vanillestange
- 250 ml Milch
- 6 Eier
- 50 g Zucker

Vanillestange der Länge nach halbieren und das Mark mit dem Messerrücken herauskratzen. Das Mark und die Schote in die Milch geben und alles in einem Topf zum Kochen bringen. In der Zwischenzeit die Eier trennen, das Eigelb mit dem Zucker vermischen und schaumig rühren. In einer Stielkasserolle Wasser zum Kochen bringen. Sobald die Milch aufkocht, durch ein Sieb gießen, damit keine Reste der Vanillestange in die Sauce gelangen. Die heiße Milch nach und nach unter ständigem Rühren in die Ei-Zucker-Masse gießen. Die Mischung auf dem vorbereiteten Wasserbad erhitzen und cremig rühren. Zum Schluss in einem Wasserbad mit Eiswürfeln kalt rühren.

Schokoladensauce

- 125 ml Milch
- 100 ml Sahne
- ausgekratzte Vanillestange
- 100 g dunkle Kuvertüre
- 50 g Vollmilchkuvertüre
- 10 ml Cognac
- 20 g Zucker
- 40 ml Pflanzen- oder Haselnussöl

Die Milch mit der Sahne und der ausgekratzte Vanillestange in einem Topf langsam zum Kochen bringen. Die dunkle Kuvertüre sowie die Vollmilchkuvertüre mit einem Messer klein schneiden und in die Milch geben. Mit einem Schneebesen langsam rühren und die Kuvertüre auflösen. Dann vom Herd nehmen. Die Vanillestange herausnehmen und Cognac, Zucker und Öl einrühren. Danach die Sauce durch ein feines Sieb passieren und möglichst bei Zimmertemperatur servieren.

Aprikosensauce

- 5 Aprikosen
- Saft von ½ Zitrone
- 50 g Puderzucke
- 80 ml Mineralwasser

1 Die Aprikosen für 10 Sekunden in kochendes Wasser geben und sofort in kaltem Wasser abschrecken. Die Haut mit einem kleinen Messer abziehen, die Früchte halbieren und die Kerne entfernen.

2 Die Aprikosenhälften mit dem Zitronensaft, Puderzucker und Mineralwasser in eine Schüssel geben und alles mit einem Pürierstab mixen. Anschließend durch ein feines Sieb gießen und das Fruchtfleisch mit einem Löffel oder Teigschaber durchstreichen.

Erdbeersauce

- 250 g Erdbeeren
- 50 g Puderzucker
- 80 ml Mineralwasser

Die Erdbeeren waschen und putzen und gegebenenfalls von fauligen Stellen befreien. Den Puderzucker über die Erdbeeren geben, Mineralwasser darübergießen und alles mit einem Pürierstab sorgfältig zu einer feinen Sauce pürieren. Abschließend durch ein feines Sieb passieren und servieren.

Anstelle von Erdbeeren kann man auch Himbeeren oder Blaubeeren verwenden und im gleichen Maßverhältnis verarbeiten – ergibt eine leckere Himbeer- oder Blaubeersauce, die sehr gut zu Eis passt.

Brotpudding mit Äpfeln und Zimt

Für 4 Personen

3 Äpfel
500 g trockenes Weißbrot
2 Eier
200 ml Milch
50 g Mandelblättchen
1 Tl Zimt

1 Eine flache Auflaufform mit Butter ausstreichen und mit 2 Esslöffeln Zucker ausstreuen.

2 Die Äpfel schälen, vierteln, entkernen und der Länge nach in dünne Scheiben schneiden. Den Rand des Weißbrots abschneiden und die Scheiben diagonal halbieren.

3 Die halbierten Brotscheiben abwechselnd mit den Apfelscheiben in die Form legen. Die Eier mit der Milch und 3 Esslöffeln Zucker verquirlen und gleichmäßig über die Weißbrot- und Apfelscheiben gießen.

4 Mit Mandelblättchen und 1 Esslöffel Zucker bestreuen. Zum Schluss je nach Geschmack etwas Zimt darüberpudern.

5 In den auf 80 °C vorgeheizten Backofen geben und 30 Minuten backen. Mit Puderzucker bestreuen und warm servieren. Dazu passt sehr gut Vanillesauce (s. S. 208) oder mit Vanille geschlagene Sahne.

Mein Tipp:
Bereits mit 13 Jahren durfte ich in den Hochgenuss von Brotpudding mit Weinschaumsauce (s. S. 212) kommen – seitdem ist es eines meiner Lieblingsgerichte!

Weinschaumsauce

Für 4 Personen

8 Eier
200 g Zucker
1 große Prise Zimt, gemahlen
800 ml Rotwein

1 Die Eier trennen und das Eigelb in eine runde Edelstahlschüssel geben. Den Zucker und den gemahlenen Zimt zum Eigelb hinzufügen und durchrühren.

2 Nun den Rotwein eingießen und mit einem Schneebesen unterrühren. In eine Stielkasserolle 2 Zentimeter Wasser füllen und zum Kochen bringen.

3 Die Edelstahlschüssel auf die Kasserolle mit dem kochenden Wasser setzen, sodass sie durch den Dampf erhitzt wird.

4 Nun die Mischung kräftig schlagen, bis sich ihr Volumen um ein Dreifaches vergrößert und sie schön cremig vom Schneebesen läuft. Sofort vom Feuer nehmen und in Gläser füllen. Heiß mit etwas Zimt bestreuen und als Dessert oder zu süßen Aufläufen servieren.

Kalte Weincreme

Für 4 Personen

4 Eier
100 g Zucker
1 Prise Zimt
400 ml Rotwein
2 Blatt Gelatine
300 g Sahne, geschlagen
8 Löffelbiskuits

1 Aus dem Eigelb, Zucker, gemahlenen Zimt und 200 Millilitern Rotwein eine Weinschaumsauce aufschlagen (s. S. 212). Die Gelatineblätter in kaltem Wasser 10 Minuten einweichen, danach ausdrücken und in der heißen Weinschaumsauce auflösen. In eine Schüssel umfüllen und auskühlen lassen.

2 In der Zwischenzeit den Rest des Rotweins auf eine Menge von 4 Esslöffeln einkochen lassen. Die Sahne cremig steif schlagen.

3 Die Sahne und fast die gesamte Rotweinreduktion vorsichtig unter die kalte Weinschaumsauce heben. Die Rotweinreduktion verleiht der Weincreme die nötige Farbe und verstärkt zusätzlich den Geschmack.

4 Die Löffelbiskuits mit den Fingern in Stücke teilen und in die Gläser geben. Die Creme darübergeben und eine gute Stunde auskühlen lassen. Zum Schluss nach Geschmack etwas Rotweinreduktion mit Zucker vermischen und über die Weincreme träufeln.

Bratäpfel mit Vanillesauce

Für 4 Personen

50 g Marzipan
1 EL Rum
2 EL Rosinen
2 EL Butter
4 große Äpfel (z. B. Boskop)
250 ml trockener Weißwein
4 EL Aprikosenkonfitüre

Vanillesauce (s. S. 208)

1 Den Backofen auf 160°C vorheizen. Butter in eine Schüssel geben und schaumig rühren. Nach und nach Rosinen, Marzipan und Rum einrühren. Alles gut vermengen.

2 Mit einem Ausstecher das Kerngehäuse aus den Äpfeln herauslösen und den Hohlraum mit der Marzipanmischung füllen.

3 Die Äpfel in eine Auflaufform stellen, den Wein zugießen und 25 bis 30 Minuten im Ofen backen. Dann den Wein in einen Topf abgießen, die Aprikosenkonfitüre zugeben und erhitzen. So lange köcheln, bis die Mischung andickt, dann über die Bratäpfel gießen und alles etwas abkühlen lassen.

4 Die Bratäpfel lauwarm auf Tellern anrichten und mit der Vanillesauce servieren.

Käsekuchen mit Rosinen

Ergibt 12 Stück

125 g Sultaninen
50 ml Rum

Teig
250 g Mehl
½ Päckchen Backpulver
100 g Zucker
120 g Butter, plus etwas mehr zum Einfetten
1 Eier

Füllung
5 Eier, getrennt
750 g Speisequark (20%)
250 g Zucker
Saft und abgeriebene Schale von ½ Zitrone
1 Päckchen Vanillezucker
2–3 EL feiner Hartweizengrieß

1 Die Sultaninen für einige Stunden im Rum einlegen. Abgießen und abtropfen lassen.

2 Mehl, Backpulver, Zucker, Butter und Ei in einer Schüssel verkneten. Abgedeckt 30 Minuten im Kühlschrank ruhen lassen. Den Backofen auf 175°C vorheizen. Eine Springform (26 cm Ø) mit etwas Butter einfetten. Den Teig leicht ausrollen und auf dem Boden der Form mit den Fingern verteilen.

3 Für die Füllung das Eiweiß in einer Schüssel steif schlagen. Das Eigelb mit den restlichen Zutaten für die Füllung und den Sultaninen in eine weitere große Schüssel geben und gut verrühren. Nun vorsichtig den Eischnee unterheben.

4 Die Quarkmischung auf dem Teigboden in der Springform verteilen. Etwa 50 Minuten im Ofen backen. Dann den Ofen ausschalten und den Kuchen bei geöffneter Ofentür auskühlen lassen.

Dampfnudeln

Ergibt 8 Stück

300 ml Milch
50 g Butter
1 Prise Salz
1 EL Zucker
1 Päckchen Vanillezucker
½ TL abgeriebene Zitronenschale
Vanillesauce (s. S. 208), zum Servieren

Teig
500 g Mehl
40 g Hefe
1 EL Zucker
125–250 ml lauwarme Milch
2 Eier
1 Prise Salz
100 g Butter

1 Für den Teig das Mehl in eine Schüssel sieben und in die Mitte eine Vertiefung drücken. Die Hefe in die Vertiefung bröseln und mit 1 Teelöffel Zucker und 125 Millilitern Milch zu einem Vorteig anrühren. Die Schüssel abdecken und an einem warmen Ort 15 Minuten gehen lassen.

2 Dann Eier, Salz, restlichen Zucker und Butter zufügen und zu einem geschmeidigen Teig verarbeiten. Bei Bedarf mehr Milch zufügen. So lange kräftig schlagen, bis der Teig Blasen wirft. Den Teig auf einer Arbeitsfläche zu einer Rolle formen und in 8 Stücke schneiden. Ein Schneidebrett mit Mehl bestäuben. Die Teigbällchen darauflegen, abdecken und etwa 30 Minuten gehen lassen.

3 Den Backofen auf 150°C vorheizen. In einen großen ofenfesten Topf Milch, Wasser, Butter, Salz, Zucker, Vanillezucker und Zitronenschale geben und aufkochen. Vom Herd nehmen und auf Zimmertemperatur abkühlen lassen. Nun die Teigbällchen in den Topf legen, diesen mit einem feuchten Tuch bedecken und mit dem Topfdeckel fest verschließen. (Es darf während des Garvorgangs kein Dampf entweichen.) Den Topf in den Ofen geben und 25 bis 30 Minuten backen. Sobald es im Topf knistert, brauchen die Dampfnudeln noch 5 Minuten. Die Dampfnudeln sollten unten eine leichte Kruste haben. Auf Tellern anrichten und mit Vanillesauce (s. S. 208) servieren.

Gebackener Milchreis mit Pflaumensauce

Für 4–6 Personen

100 g Milchreis
750 ml Milch
1 Prise Salz
50 g Butter, plus etwas mehr zum Einfetten
abgeriebene Schale von ½ Zitrone
25 g Sultaninen
1 TL Zimt
4 Eier, getrennt
70 g Zucker

Pflaumensauce
250 g Pflaumen, halbiert und entsteint
250 ml Wasser
1 Streifen Zitronenschale
2 EL Speisestärke
50 g Zucker
1 EL Zitronensaft

1 Den Reis in einen Topf geben, mit Wasser bedecken und zum Kochen bringen. Nach 5 Minuten den Reis abgießen und abtropfen lassen.

2 Milch, Salz, Butter, Zitronenschale und Reis in einen Topf geben und bei geringer Hitze etwa 45 Minuten unter Rühren köcheln lassen, bis der Reis gar ist. Die Zitronenschale entfernen und abkühlen lassen. Sultaninen und Zimt zugeben und gut verrühren.

3 Für die Sauce die Pflaumen in einen Topf geben, etwas Wasser zugießen und bei geringer Hitze so lange köcheln, bis sie weich sind. Dann mit einem Pürierstab pürieren. Wasser und Zitronenschale in einen Topf geben und zum Kochen bringen. Die Speisestärke in 1 Esslöffel Wasser auflösen, in den Topf geben und verrühren. Kurz köcheln lassen, die Zitronenschale entfernen und das Pflaumenmus einrühren. Mit Zucker und Zitronensaft abschmecken. Beiseitestellen.

4 Den Backofen auf 175°C vorheizen. Eigelb und Zucker schaumig schlagen und unter den abgekühlten Reis ziehen. Das Eiweiß steif schlagen und unter den Reis heben. Eine Auflaufform einfetten, die Masse hineingeben und 45 Minuten goldbraun backen. Mit der Pflaumensauce servieren.

Waffeln mit Zimtäpfeln

Für 6 Personen

Waffeln
120 g Butter
120 g Zucker
8 Eigelb
300 g Mehl
2 TL Backpulver
½ TL Salz
225 ml Milch
2 TL abgeriebene Zitronenschale
Öl, zum Einfetten
steif geschlagene Schlagsahne, zum Servieren

Zimtäpfel
2 säuerliche Äpfel
2 EL Butter
Saft von 1 Zitrone
2 EL Honig
½ TL Zimt

1 Für die Waffeln Butter und Zucker schaumig schlagen. Nach und nach das Eigelb gründlich einarbeiten. Mehl, Backpulver und Salz mischen, dann abwechselnd mit der Milch in die Buttermischung rühren. Die Zitronenschale zufügen und alles zu einem glatten Teig verarbeiten.

2 Das Waffeleisen aufheizen und mit 1 Teelöffel Öl einfetten. Aus dem Teig goldgelbe Waffeln backen.

3 Die Äpfel schälen, halbieren, entkernen und in Scheiben schneiden. Die Butter in einer Pfanne zerlassen, die Äpfel zugeben und weich dünsten. Mit dem Zitronensaft beträufeln und mit Honig und Zimt abschmecken.

4 Die Waffeln auf Tellern anrichten und die Zimtäpfel darauf verteilen. Mit der geschlagenen Sahne servieren.

Mein Dekorationstipp:

Mit alten Teller und Tassen den Tisch zu decken, bringt viel Spaß und hat einen ganz besonderen Charme: Gerade weil sie nicht zusammenpassen, entsteht eine individuelle Kaffeeklatschrunde.

Johannis- und Blaubeer-Baiserkuchen

Ergibt 12 Stück

3 Eier
250 g Zucker
1 EL Vanillezucker
100 ml Milch
120 g Butter
280 g Mehl
2 TL Backpulver
1 Prise Salz
1 TL Speisestärke
200 g rote Johannisbeeren
200 g Blaubeeren

1 Die Eier trennen und das Eigelb mit 150 Gramm Zucker und dem Vanillezucker in einer runden Schüssel schaumig schlagen. Das Eiweiß in einer Schale im Kühlschrank kalt stellen. Die Milch mit 100 Gramm Butter aufkochen, zur Ei-Zucker-Masse gießen und gut verrühren.

2 Das Mehl mit dem Backpulver in die Schüssel sieben und alles zu einem Teig rühren.

3 Eine Springform (28 cm Ø) mit der restlichen Butter ausstreichen und dem restlichen Mehl ausstreuen. Dann den Teig einfüllen und im auf 180 °C vorgeheizten Ofen etwa 18 Minuten backen. Herausnehmen und etwas abkühlen lassen.

4 Das Eiweiß mit einer Prise Salz und dem restlichen Zucker in einer Küchenmaschine cremig rühren. Die Speisestärke hinzugeben und noch einmal auf höchster Stufe 1 Minute schlagen, bis der Eischnee steif ist. Die Beeren waschen und verlesen und bis auf jeweils 1 Esslöffel vorsichtig unter den Eischnee mischen. So entsteht ein fruchtiges Baiser. Die Baisermasse auf dem gebackenen Boden verteilen.

5 Die restlichen Beeren über das Baiser streuen. Den Ofen nur mit Oberhitze auf 220 °C vorheizen. Den Kuchen nun noch einmal auf mittlere Schiene etwa 15 Minuten backen. Danach herausnehmen und auskühlen lassen.

Mein Tipp:
Meine Großmutter hatte einen kleinen Garten, aus dem sie die Früchte ernten konnte: Aus den Blaubeeren kochte sie meine Lieblingsmarmelade (s. S. 252).

Kirschstreusel

Ergibt 8 Stück

250 g Mehl
100 g gemahlene Mandeln
125 g Zucker
½ TL Zimt
225 g kalte Butter, in Stücke geschnitten, plus etwas mehr zum Einfetten
450 g Kirschen, entsteint
Puderzucker, zum Bestäuben

1 In einer großen Schüssel Mehl, Mandeln, Zucker und Zimt verrühren. Die Butter zufügen und alles zwischen den Fingern zerreiben, bis sich große Krümel bilden. Alternativ die Zutaten in eine Küchenmaschine geben und mit dem Knethaken langsam mischen, bis die Mischung klumpig wird.

2 Den Backofen auf 175°C vorheizen. Die Hälfte der Mischung in eine gefettete Springform (22 cm Ø) geben und mit den Fingern in den Boden drücken. Die Kirschen darüber verteilen, dann den restlichen Teig darüberkrümeln. 45 Minuten backen, bis die Streusel knusprig sind und eine goldene Farbe angenommen haben.

3 Den Kuchen in der Form auskühlen lassen. Dann auf eine Tortenplatte heben, dick mit Puderzucker bestäuben und servieren.

Mein Tipp:
Diesen Kuchen mache ich sehr oft mit Sauerkirschen, da er dann nicht zu süß schmeckt, oder mit einer Mischung aus Sauer- und Süßkirschen. Die Süßkirschen esse ich am liebsten – wie früher in Omas Garten – direkt vom Baum.

Dresdner Eierschecke

Ergibt 12 Stück

Mürbeteig
200 g Mehl, plus etwas mehr zum Bestäuben
2 TL Backpulver
100 g Butter, plus etwas mehr zum Einfetten
100 g Zucker
1 Ei

Füllung
750 g Magerquark
2 Eier
1 Päckchen Sahnepuddingpulver
200 g Zucker

Puddingschicht
2 Päckchen Sahnepuddingpulver
175 g Zucker
240 ml Milch
5 Eier
1 Prise Salz
150 g weiche Butter

1 Die Zutaten für den Teig in eine Schüssel geben und gut vermengen. Den Teig abdecken und im Kühlschrank 30 Minuten ruhen lassen.

2 Die Zutaten für die Füllung in einer Schüssel zu einer glatten Masse rühren.

3 Eine Springform (26 cm Ø) mit Butter einfetten und leicht mit Mehl bestäuben. Dann den Teig mit den Fingern gleichmäßig auf dem Boden verteilen. Die Quarkmasse daraufgeben und verstreichen. Den Backofen auf 180°C vorheizen.

4 Für die Puddingschicht Puddingpulver und Zucker mit 5 Esslöffeln Milch verrühren. Die restliche Milch in einem Topf zum Kochen bringen, vom Herd nehmen und das Puddinggemisch unterrühren. Noch einmal auf den Herd stellen und unter Rühren kurz aufkochen lassen. Die Eier trennen und Eiweiß und Salz steif schlagen. Eigelb und Butter in den Pudding geben und gut verrühren. Nun den Eischnee unter den Pudding heben und die Masse auf der Quarkschicht verteilen.

5 Den Kuchen 45 Minuten im Ofen backen. Abkühlen lassen und auf einer Kuchenplatte servieren.

Fürst-Pückler-Eistorte

Ergibt 12 Stück

5 Eier, getrennt
200 g Puderzucker
1 Prise Weinsteinsäure (erhältlich in der Apotheke)
1 Päckchen gemahlene weiße Gelatine
4 EL Wasser
85 g Zucker
60 ml Sherry
650 g Schlagsahne, mit 3 EL Puderzucker steif geschlagen
2 EL ungesüßtes Kakaopulver
200 g Himbeeren, plus 12 Himbeeren zum Dekorieren
5 Tropfen Vanillearoma
25 g Zartbitterschokolade, geraspelt
125 g steif geschlagene Schlagsahne, zum Dekorieren

1 Den Backofen auf 140°C vorheizen. Das Eiweiß sehr steif schlagen und mit Zucker und Weinstein verrühren. Eine Springform (24 cm Ø) mit Backpapier auslegen, die Masse hineingeben und 45 Minuten backen. Den Ofen ausschalten und die Meringue noch 1 Stunde im Ofen ruhen lassen. Aus der Form nehmen, das Backpapier abziehen und die Meringue zurück in die Form geben.

2 Die Gelatine mit dem Wasser in eine Schüssel geben und über einem Topf mit heißem Wasser auflösen. Dann 5 Minuten ruhen lassen. Eigelb, Zucker und Sherry zugeben, auf das Wasserbad stellen und schlagen, bis die Masse eindickt. Beiseitestellen.

3 Die Schlagsahne unter die Gelatinemasse heben und auf 3 Schüsseln verteilen. In die eine Schüssel den Kakao mischen, in die zweite die Himbeeren, in die dritte das Vanillearoma. Die Kakaomischung auf die Meringue geben, ins Kühlfach stellen und 20 Minuten einfrieren. Dann die Himbeermischung darauf verteilen und weitere 20 Minuten einfrieren. Zuletzt die Vanillemischung darauf verstreichen und 8 Stunden einfrieren.

4 Die Eistorte vorsichtig auf eine Kuchenplatte heben. Mit Schlagsahne und Himbeeren verzieren und mit der geraspelten Schokolade bestreuen. Servieren.

Pflaumenkuchen

Ergibt 18 Stück

500 g Mehl, plus etwas mehr zum Bestäuben
250 ml zimmerwarme Milch
1 Päckchen Trockenhefe
100 g Zucker
1 Ei
25 g zimmerwarme Butter, plus etwas mehr zum Einfetten
1 Prise Salz
abgeriebene Schale von ½ Zitrone
1,3 kg Pflaumen, entsteint
Puderzucker und Zimt, zum Bestäuben

1 Das Mehl in eine große Schüssel sieben und in die Mitte eine Mulde drücken. 100 ml Milch und die Hefe zugeben und mit 1 Teelöffel Zucker und etwas Mehl verrühren. Auf diese Weise einen Vorteig herstellen und abdecken. An einen warmen Ort stellen und gehen lassen.

2 Die restliche Milch, den übrigen Zucker, Ei, Butter und Salz zufügen und alles kräftig kneten, bis der Teig Blasen wirft. Die Schüssel abdecken und den Teig erneut 30 Minuten gehen lassen, bis er das doppelte Volumen erreicht hat.

3 Den Backofen auf 180°C vorheizen. Ein Backblech einfetten und leicht mit Mehl bestäuben. Mit den Fingern den Teig darauf verteilen. Die Pflaumen mit der aufgeschnittenen Seite nach unten auf den Teig drücken. Den Teig mit einem sauberen Küchenhandtuch bedecken und abermals 1 Stunde an einem warmen Ort gehen lassen, bis er das Doppelte seines Volumens erreicht hat.

4 Den Kuchen 30 Minuten backen, bis der Teig eine goldene Farbe angenommen hat. Mit Puderzucker und Zimt bestreuen und servieren.

Schon gewusst?
Die Begriffe Pflaume und Zwetschge werden meist synonym verwendet, obwohl die Hauszwetschge eine Unterart der Pflaume ist: Pflaumen sind rundlich und haben eine ausgeprägte Bauchnacht, Zwetschgen sind länglich und haben keine Bauchnaht.

Apfelstrudel

Für 6–8 Personen

350 g Mehl
1 Prise Salz
1 Ei, mit 2 EL Sonnenblumenöl verquirlt
lauwarmes Wasser
steif geschlagene Schlagsahne, zum Servieren

Füllung
100 g Butter, zerlassen
90 g Semmelbrösel
125 g gehackte Walnüsse
900 g Äpfel, geschält, entkernt und in dünne Scheiben geschnitten
125 g Sultaninen
abgeriebene Schale von 1 Zitrone
1 TL Zimt
125 g Zucker

1 Mehl und Salz auf eine Arbeitsfläche sieben. In die Mitte eine Vertiefung drücken. In diese die Ei-Öl-Mischung hineingeben und mit dem Mehl vermengen. So viel Wasser unterkneten, dass ein glatter, geschmeidiger Teig entsteht. Den Teig 10 Minuten lang kneten. Dann in eine Schüssel legen, mit Mehl bestäuben und 30 Minuten an einem warmen Ort ruhen lassen.

2 Eine Arbeitsfläche mit einem großen, sauberen Küchentuch auslegen. Dieses mit Mehl bestäuben und den Teig darauf mit einem Nudelholz hauchdünn ausrollen. Die Ränder dabei immer wieder mit den Händen ausziehen. Abschließend die Ränder begradigen. Den Teig nochmals 10 Minuten ruhen lassen.

3 Den Backofen auf 180°C vorheizen. Ein Backblech einfetten und mit Backpapier auslegen. Dann die Teigplatte mit der Hälfte der Butter bestreichen. Erst mit Semmelbröseln, dann mit den Walnüssen bestreuen. Den unteren Teil der Teigplatte mit den Äpfeln belegen, dabei die Ränder freilassen.

4 Die Äpfel mit der Hälfte der restlichen Butter bestreichen. Sultaninen, Zitronenschale, Zimt und Zucker darauf verteilen. Die Ränder über die Apfelfüllung schlagen und die Teigplatte mithilfe des Küchentuchs aufrollen. Die Teigrolle auf das Backblech legen, mit der restlichen Butter bestreichen und 1 Stunde im Ofen backen. Warm mit Schlagsahne servieren.

Baumkuchentorte

Ergibt 8 Stück

400 g Marzipanrohmasse
60 g Schlagsahne
200 g Butter, plus etwas mehr zum Einfetten
100 g Speisestärke
150 g Mehl
2 EL Rum
5 Tropfen Vanillearoma
1 TL abgeriebene Zitronenschale
10 Eier, getrennt
200 g Puderzucker
450 g Aprikosenkonfitüre, durch ein Sieb gestrichen und erwärmt
120 g gemahlene Mandeln
gehackte Pistazien, zum Garnieren

Glasur
85 g Butter
1 TL Rum
1 TL heller Zuckerrübensirup
85 g Zartbitterschokolade, in kleine Stücke gebrochen

1 Marzipan und Sahne in einer Schüssel verrühren. In einer weiteren Schüssel Butter, Speisestärke, Mehl, Rum, Vanillearoma und Zitronenschale vermengen. Das Marzipan einarbeiten. In einer dritten Schüssel Eigelb und die Hälfte des Zuckers schaumig rühren und in die Marzipanmischung einarbeiten. Das Eiweiß steif schlagen, dabei den restlichen Zucker einrühren. Ebenfalls unter die Marzipanmasse heben.

2 Den Backofengrill vorheizen. Eine Springform (24 cm Ø) mit Backpapier auslegen. 3 Esslöffel der Masse auf dem Boden der Form verteilen. Unter dem Grill 2 bis 3 Minuten backen, bis der Teig bräunt. Herausnehmen, 3 Esslöffel von der Masse auf dem Teig verteilen und wieder unter den Grill geben. Herausnehmen und dünn etwas Konfitüre und 1 Teelöffel Mandeln darauf verteilen. Erneut mit 3 Esslöffeln Teig bestreichen und backen. So vorgehen, bis Teig und Mandeln ganz aufgebraucht und von der Konfitüre noch 50 g übrig sind.

3 Den Kuchen über Nacht in der Form abkühlen lassen. Aus der Form nehmen, das Backpapier entfernen und auf ein Kuchengitter heben. Die restliche Konfitüre erhitzen und den Kuchen damit bestreichen.

4 Für die Glasur alle Zutaten im Wasserbad unter ständigem Rühren vermischen und schmelzen. Etwas abkühlen lassen und den Kuchen damit überziehen. Mit den gehackten Pistazien bestreuen.

Schwarzwälder Kirschtorte

Ergibt 12 Stück

6 Eier, getrennt
90 ml warmes Wasser
1 Prise Salz
200 g Zucker
1 Päckchen Vanillezucker
300 g Mehl
1 EL ungesüßtes Kakaopulver
1 Päckchen Backpulver
Schokoraspel, zum Dekorieren

Füllung
80 ml Kirschwasser
750 g Schlagsahne
1 Päckchen Vanillezucker
1½ EL Zucker
1 Päckchen Sahnesteif
1 Glas Sauerkirschen, abgetropft und Saft aufgefangen
1 EL Speisestärke, in etwas Wasser aufgelöst

1 Den Backofen auf 200°C vorheizen. In einer Schüssel Eiweiß, Wasser und Salz schaumig schlagen. Zucker und Vanillezucker langsam einrieseln lassen und erneut aufschlagen. Das Eigelb unterheben. In einer weiteren Schüssel Mehl, Kakao und Backpulver vermischen, in die Eimasse sieben und vermengen.

2 Eine Springform (26 cm Ø) mit Backpapier auslegen und den Teig hineingießen. Etwa 20 bis 25 Minuten backen. Auf ein Gitterrost heben und abkühlen lassen.

3 Den Boden waagerecht in 3 Schichten schneiden. Jede Schicht mit 2 Esslöffeln Kirschwasser beträufeln. Sahne mit Vanillezucker, 1 Esslöffel Zucker und Sahnesteif steif schlagen. Den Kirschsaft in einen Topf mit ½ Esslöffel Zucker aufkochen. Die Speisestärke einrühren und andicken lassen. Die Kirschen zugeben, vom Herd nehmen und abkühlen lassen.

4 Auf dem untersten Boden ein Drittel der Schlagsahne verstreichen, dann die Hälfte der Kirschen darauf verteilen. Den zweiten Boden darauflegen und ebenso verfahren. Anschließend den dritten Boden auflegen. Die Torte ringsum mit Schlagsahne bestreichen und mit den Schokoraspeln bestreuen. Im Kühlschrank mindestens 1 Stunde ruhen lassen und servieren.

Erdbeer-Joghurt-Mousse

Für 3 Personen

1 EL Zitronensaft
130 g Joghurt, stichfest und fettarm
130 g Crème fraîche
90 g Puderzucker
150 g Erdbeerpüree
4 Blatt Gelantine
125 g Sahne
2 Eier
30 g Zucker
3 Erdbeeren, in Scheiben geschnitten, zum Garnieren

1 Die Zitrone auspressen und den Saft mit Joghurt, Crème fraîche, Puderzucker und ⅔ des Erdbeerpürees vermischen. Die Gelatineblätter etwa 10 Minuten in kaltem Wasser einweichen, ausdrücken und in einem kleinem Topf schmelzen lasen. Dann mit dem Joghurt vermischen.

2 Die Sahne steif schlagen und mit dem Schneebesen unterheben.

3 Die Eier trennen, das Eiweiß zusammen mit dem Zucker steif schlagen und langsam unter die Masse heben.

4 Die Mousse in Gläser füllen und im Kühlschrank 1 Stunde kalt stellen. Vor dem Servieren ein wenig Erdbeerpüree darübergeben und mit Erdbeerscheiben garnieren.

Apfelküchlein

Ergibt 12 Stück

3 Eier
300 g Mehl
20 g Backpulver
60 g Zucker
350 ml Milch
4 Äpfel
½ Zitrone
1 Prise Salz
1 ½ l Pflanzenöl
1 EL Vanillezucker
Vanillesauce (s. S. 208), zum Servieren

1 Die Eier trennen und das Eigelb zusammen mit Mehl, Backpulver, Zucker und Milch zu einem glatten Teig rühren. Die Äpfel schälen und das Kerngehäuse mit einem Ausstecher entfernen. Die Äpfel in ½ Zentimeter dicke Scheiben schneiden und diese mit der Zitrone einreiben, damit sie nicht braun werden.

2 Das Eiweiß mit einer Prise Salz steif schlagen und vorsichtig unter den Teig ziehen. Einen Topf mit Pflanzenöl auf 160 °C erhitzen. Die richtige Temperatur ist erreicht, wenn sich an einem ins Öl gehaltenen Holzspieß Blasen bilden.

3 Die Äpfel durch den Teig ziehen und sofort ins heiße Öl gleiten lassen. Die Apfelküchlein goldbraun ausbacken. Auf ein Küchenpapier gut abtropfen lassen, mit Vanillezucker bestäuben und mit Vanillesauce (s. S. 208) servieren.

Mein Tipp:
Apfelschalen in Öl frittiert ergeben leckere Apfelchips – allerdings sollten die Schalen von Äpfeln aus biologischem Anbau sein …

Frankfurter Kranz

Ergibt 12 Stück

100 g weiche Margarine oder Butter, plus etwas mehr zum Einfetten
150 g Zucker
1 Päckchen Vanillezucker
abgeriebene Schale von ½ Zitrone
ein Spritzer Rum oder Rumaroma
1 Prise Salz
3 Eier
150 g Mehl
50 g Speisestärke
2 TL Backpulver
Belegkirschen, zum Dekorieren (nach Belieben)

Krokant
10 g Butter
60 g Zucker
125 g Mandeln, abgezogen und sehr grob gehackt

Füllung
1 Päckchen Vanillepuddingpulver
100 g Zucker
500 ml Milch
250 g weiche Butter
3 EL Johannisbeergelee oder Erdbeerkonfitüre (nach Belieben)

1 Den Backofen auf 180°C vorheizen. Eine Kranzform (24 cm Ø) einfetten. Für den Rührteig Margarine, Zucker, Vanillezucker, Zitronenschale, Rum und Salz cremig rühren. Dann die Eier unterrühren. Mehl, Speisestärke und Backpulver hineinsieben und vermengen. Den Teig in die Kranzform füllen und glatt streichen. 45 bis 60 Minuten backen. Herausnehmen und abkühlen lassen. Dann den Teig waagerecht mit Zwirn in 3 Teile schneiden.

2 Für den Krokant Butter, Zucker und Mandeln in einer Pfanne unter Rühren karamellisieren. Auf ein Stück Alufolie geben und erkalten lassen.

3 Für die Füllung das Puddingpulver nach Packungsanleitung, aber mit der hier angegebenen Menge Zucker und Milch zubereiten. Auf Zimmertemperatur abkühlen lassen. Butter und Pudding verrühren. Den untersten Boden nach Belieben mit Gelee oder Marmelade bestreichen, darauf ein Drittel der Buttercreme geben. Den zweiten Boden aufsetzen, erneut ein Drittel der Buttercreme darauf verteilen. Den dritten Boden auflegen und den ganzen Kranz mit der restlichen Buttercreme bestreichen.

4 Den Kranz mit dem Krokant bestreuen und mit Belegkirschen dekorieren. Einige Stunden oder sogar über Nacht kalt stellen, damit er gut durchzieht, und servieren.

Mohnkuchen

Ergibt 8 Stück

150 g weiche Butter, plus etwas mehr zum Einfetten
3 gehäufte EL Zucker
1 Prise Salz
1 großes Ei
200 g Mehl, plus etwas mehr zum Bestäuben
1–2 EL Mohnsamen, zum Dekorieren
1 EL Puderzucker
steif geschlagene Schlagsahne, zum Servieren

Füllung
140 g gemahlene Mohnsamen
90 ml Milch
125 g Zucker
50 g Zartbitterschokolade, geraspelt
50 g Rosinen
50 g Zitronat, klein gehackt
50 g gemahlene Mandeln
1 großes Ei, verquirlt

1 Für den Teig in einer Schüssel Butter, Zucker und Salz verrühren. Das Ei einrühren, dann das Mehl und 1 Esslöffel kaltes Wasser zugeben und zu einem festen Teig vermengen. Den Teig zu einer Kugel formen, mit Frischhaltefolie umwickeln und im Kühlschrank 1 Stunde ruhen lassen.

2 Für die Füllung Mohn und Milch in einen Topf geben, erhitzen und 2 Minuten köcheln lassen. Den Topf vom Herd nehmen und Zucker, Schokolade, Rosinen, Zitronat und Mandeln zugeben. 1 Teelöffel vom verquirlten Ei zurückbehalten und das restliche Ei in die Mischung geben. Den Backofen auf 175°C vorheizen.

3 Den Teig auf einer bemehlten Arbeitsfläche sehr dünn ausrollen. Aus dem Teig mithilfe eines Springformbodens (20 cm Ø) 4 Kreise ausschneiden. Die Springform einfetten, einen Teigkreis auf den Boden drücken und mit einer Gabel mehrmals einstechen. Ein Drittel der Füllung darauf verteilen und glatt streichen. Mit einem zweiten Teigkreis belegen und ein weiteres Drittel der Füllung darauf verteilen. Den Vorgang wiederholen und mit dem vierten Teigkreis abschließen. Diesen mit dem zurückbehaltenen Eigelb bestreichen.

4 Den Kuchen 45 Minuten backen, bis er eine goldene Farbe annimmt. Mit Mohnsamen und Puderzucker bestreuen, etwas abkühlen lassen und mit Schlagsahne servieren.

Christstollen

Für 8 Personen

150 ml lauwarme Milch
50 g Zucker
2 TL Trockenhefe
350 g Mehl, plus etwas mehr zum Bestäuben
½ TL Salz
120 g zimmerwarme Butter, plus etwas mehr zum Einfetten
1 Ei, verquirlt
40 g Korinthen
50 g Sultaninen
50 g Zitronat
50 g Belegkirschen
25 g Mandelstifte
abgeriebene Schale von ½ Zitrone
175 g Marzipanrohmasse
120 g Puderzucker

1 Milch und 1 Teelöffel Zucker in eine Schüssel geben, die Hefe einstreuen und verrühren. 10 Minuten quellen lassen.

2 Mehl, Salz und den restlichen Zucker in eine Schüssel geben und eine Mulde in die Mitte drücken. Die Hefemischung hineingeben. Butter und Ei zufügen und alles zu einem glatten Teig vermengen.

3 Korinthen, Sultaninen, Zitronat, Kirschen, Mandeln und Zitronenschale in den Teig kneten. Die Schüssel abdecken und an einem warmen Ort 2 Stunden gehen lassen, bis der Teig das doppelte Volumen erreicht hat.

4 Den Teig auf die Arbeitsfläche geben und kräftig kneten, bis er fest und elastisch ist. Das Marzipan zerbröseln oder in kleine Stücke schneiden und in den Teig einarbeiten.

5 Den Backofen auf 190°C vorheizen. Den Teig zu einer Rolle formen. Ein Backblech einfetten und den Teig darauflegen. Mit einem Tuch abdecken und erneut gehen lassen, bis er das doppelte Volumen erreicht hat. Dann 40 Minuten backen, bis der Christstollen eine goldene Farbe angenommen hat. Auf ein Gitterrost legen und abkühlen lassen.

6 Den Stollen mit reichlich Puderzucker bestäuben. Zum Servieren in Scheiben schneiden.

Roggenbrot

Ergibt 1 Brot

Vorteig
3 EL lauwarmes Wasser
½ TL Trockenhefe
50 g Mehl
1 EL Milch
1 EL Kümmelsamen (nach Belieben)

Teig
375 ml lauwarmes Wasser
1½ TL Trockenhefe
350 g Roggenmehl
100 g Weizenmehl, plus etwas mehr zum Bestäuben
2 TL Salz

1 Für den Vorteig das Wasser in eine Schüssel gießen, die Hefe einstreuen und 5 Minuten quellen lassen. Mehl, Milch und nach Belieben Kümmelsamen zufügen und gut vermengen. Mit einem Tuch abdecken und bei Zimmertemperatur 12 bis 18 Stunden gehen lassen.

2 Für den Teig die Hälfte des Wassers in eine Schüssel geben, die Hefe einstreuen und 5 Minuten quellen lassen. Beide Mehlsorten in eine Schüssel geben und verrühren. Eine Mulde in die Mitte drücken und Hefeflüssigkeit und Vorteig hineingeben. In der Mulde einen Brei anrühren. Mit einem Tuch abdecken und erneut mindestens 12 Stunden gehen lassen, bis der Teig Blasen wirft.

3 Das Salz zugeben und alles zu einem Teig vermengen. Auf eine bemehlte Arbeitsfläche geben und 10 Minuten kneten, bis der Teig elastisch ist. 10 Minuten ruhen lassen.

4 Den Teig zu einem runden Laib formen, auf ein bemehltes Blech legen und mit Mehl bestäuben. Die Oberfläche ein paarmal einritzen. Den Laib abdecken und an einem warmen Ort 2 Stunden gehen lassen, bis er das doppelte Volumen angenommen hat.

5 Den Backofen auf 200°C vorheizen. Das Brot im Ofen mindestens 1 Stunde backen. Das Brot ist gar, sobald es hohl klingt, wenn man dagegen klopft. Auf einem Gitterrost abkühlen lassen und servieren.

Hefebrötchen

Ergibt 8 Stück

300 ml lauwarmes Wasser
2 TL Trockenhefe
450 g Mehl, plus etwas mehr zum Bestäuben
1 TL Salz
1 Ei, mit 1 EL Wasser verquirlt
grobes Salz

1 Von dem Wasser 6 Esslöffel in eine Schüssel geben, die Hefe einstreuen und 5 Minuten quellen lassen.

2 Mehl und Salz in einer großen Schüssel verrühren und in die Mitte eine Mulde drücken. Die Hefemischung in die Mulde gießen und mit so viel Mehl verrühren, dass ein dicker Teig entsteht. Die Schüssel mit einem Tuch abdecken und 20 Minuten gehen lassen.

3 Das restliche Wasser zugießen und alles zu einem feuchten Teig verarbeiten. Den Teig auf einer bemehlten Arbeitsfläche 10 Minuten kneten, bis er elastisch ist.

4 Den Teig in eine saubere Schüssel geben, mit einem Tuch abdecken und weitere 2 Stunden gehen lassen, bis er sein Volumen verdoppelt hat. Gut durchkneten und 10 Minuten ruhen lassen. Den Backofen auf 220°C vorheizen.

5 Den Teig in 8 Stücke teilen und diese zu langen Strängen formen. Jeden Strang zweifach locker knoten und die Enden nach unten einschlagen. Die Brötchen auf ein bemehltes Backblech legen und etwas andrücken. Mit der Eimischung bestreichen und mit dem Salz bestreuen. 15 bis 20 Minuten backen, bis sie knusprig sind und eine goldene Farbe angenommen haben. Auf einem Gitterrost abkühlen lassen und servieren.

Omas Lieblingsmarmelade

1 Die Blaubeeren waschen und verlesen. Zusammen mit dem Orangensaft in einen großen Topf geben. Die Gewürze in ein Mullsäckchen füllen und in das Obst hängen: am Topfgriff befestigen, damit das Säckchen nicht untergeht. Bei geringer Hitze mindestens 20 Minuten köcheln, bis die Früchte sehr weich sind.

2 Den Zucker zufügen und weiterköcheln. Dabei gelegentlich umrühren, bis der Zucker sich vollständig aufgelöst hat. Aufkochen und 3 Minuten sprudelnd kochen, dann vom Herd nehmen. Leicht abkühlen lassen.

3 Die Gewürze entfernen, dann die Marmelade in warme, sterilisierte Gläser füllen und mit Pergamentpapier abdecken. Nach dem Abkühlen mit Zellophan oder Schraubdeckeln verschließen, beschriften und kühl aufbewahren.

Ergibt ca. 800 g

700 g Blaubeeren, entstielt und gewaschen
250 ml frisch gepresster Orangensaft
2 ganze Sternanis
1 Zimtstange, leicht zerdrückt
500 g Gelierzucker

Mein Tipp:
Statt Zimt und Sternanis kann die Marmelade mit einer aufgeschlitzten Vanillestange gewürzt werden. Und für einen mehr säuerlichen Geschmack am besten Zitronen- anstelle von Orangensaft verwenden.

Register